바울,
전도를 말하다

바울의 선교전략은 유대인을 제자 삼아 모든 민족을 구원하는 것이다

바울,
전도를 말하다

안창천

추천의 글

바울! 이 세상 그리스도인들에게 얼마나 많이 불린 이름인가. 또 얼마나 닮고 싶은 사람인가. 그는 세상의 모든 자랑거리와 유익한 것을 해로 여기고 배설물로 여겼던 믿음의 사람입니다. 그는 오직 예수 그리스도 한 분만을 가슴에 품고 살았던, 모든 그리스도인의 본이 된 사람이었습니다. 그 이름만 떠올려도 온 가슴이 떨리는 위대한 그리스도의 사도입니다.

사도 바울에 관한 책은 그동안 적잖게 출판되었습니다. 저 또한 나름 꽤 읽었다고 자부하던 터라 안창천 목사님이 바울에 관한 책을 쓴다고 했을 때 바울 전문가이니 어떤 내용을 써도 잘 쓰시리라 생각하며, 크게 무겁게 받아들이지는 않았습니다. 나중에 책 제목이 《바울, 전도를 말하다》라고 해서 선교나 전도나 본질은 같은 것이기에 바울이 행한 세 차례의 선교 사역을 다룬 책이겠거니 생각했습니다. 사실 바울의 선교에 관한 책은 그리 어렵지 않게 접할 수 있기에, 어떤 점이 다를까 하는 약간의 호기심을 가지고 책 원고를 기다렸습니다.

그런데 이번에 출간될 책《바울, 전도를 말하다》의 원고를 읽고 나서는 다른 바울 관련 책들과 주제나 내용에서 확연히 차별된다는 것을 알게 되었습니다. 저자는 '제자훈련 전도법'이라는 본인이 창안한 전도법의 시각에서 성경에 근거해 바울의 전도 행적을 세밀하게 추적했습니다. 더욱이, 주로 이방인의 전도자로 알려진 바울이 사실은 유대인을 주된 대상으로 삼아 전도했으며 그 대상을 이방인으로 확대하는 전략적 접근 방식을 취했다는 새롭고도 신선한 시각을 우리에게 제시하고 있습니다. 저는 이러한 접근 자체가 바울의 전도를 바라보는 새로운 시각을 제공해 줄 뿐만 아니라 바울의 전도에 대한 다양한 토론과 담론의 장을 열어줄 것이라는 점에서 매우 의미 있는 작업이라고 믿습니다.

저자인 안창천 목사님은 제자훈련에 생애를 건 하나님의 사람입니다. 그는 우리가 단순히 전도에 그치지 말고, 제자를 삼아 가정교회를 세워야 한다고 강조합니다. 특히 유대인들과 이 사역을 함께 감당해야 한다고 주창합니다. 그는 바울처럼 복음을 전하고 교회를 개척하여 이 땅에 하나님의 나라를 세우는 일에 목숨을 걸어야 한다고 목소리를 높입니다. 이 귀한 책을 통해 유대인 전도에 대한 관심이 더욱 높아지고, 제자훈련이 단순한 프로그램을 넘어, 전도사역은 물론 우리의 일상 속에 깊이 뿌리내리기를 기대합니다. 이를 통해 삼천리 방방곡곡에 가정교회가 들불처럼 번짐으로써 안 목사님이 소원하는 하나님의 나라가 이 땅에 아름답게 세워지는 역사가 이루어지기를 기도합니다.

2025년 8월
박양우
더처치 목사, 전 문화체육관광부장관

유대인과 함께 세계 복음화를 꿈꾼다!

필자는 1986년부터 1988년까지 ACTS(아세아연합신학대학교)에서 바울 신학의 세계적인 권위자로 불리는 김세윤 교수의 문하생으로 신약신학을 전공하였다. 1987년 봄 학기 '요한복음' 과목을 수강했는데 김세윤 교수는 강의 도중 세계적으로 저명한 신학자인 동시에 목회도 잘하는 한 외국인 목사의 실명을 거론하면서 이렇게 말했다.

"여러분 중에도 신학적 통찰력이 뛰어나면서 목회도 잘하는 사람이 나왔으면 좋겠어요."

그 순간 나도 모르게 결심했다.

"내가 바로 그 사람이 되리라!"

그 이후 전도, 양육, 제자훈련, 사역자 훈련 등을 연구하고 목회에 적용한 내용을 토대로 부족하지만 최선을 다해 저서를 집필하다 보니 어느 덧 수십 권의 책을 펴냈으며, 모든 그리스도인을 지상명령에 순종하도록 훈련하는 제자훈련 시스템인 D3전도중심제자훈련(www.d3.or.kr)을 창안하여 전 세계에 보급하게 되었다.

그러다 최근 들어 갑자기 이런 의문이 들었다.
'지금껏 바울 신학의 최고 권위자인 김세윤 교수의 수제자라고 자부하면서 왜 바울의 전도 및 제자훈련과 관련하여 책을 펴낼 생각을 하지 않았지?'

나는 2007년부터(본격적으로는 2014년) 지금까지 국내외에서 340여 차례 'D3전도중심제자훈련' 세미나를 인도하면서 바울처럼 목숨 걸고 복음을 전하자고 외쳤다. 그리고 설교 중에도 기회만 나면 바울의 신앙을 본받아야 한다고 강조했다. 그런데 지금껏 한 번도 전도와 제자훈련의 모범이라 할 바울에 관하여 책을 쓸 생각조차 하지 않았다는 것이 마치 꼭 해야 할 일을 하지 않고 있었던 것처럼 여겨졌다. 이해되지 않았고 심지어 후회스럽기까지 했다.

그러나 늦어졌다고 여길 때가 가장 빠른 때라고 생각하고 즉시 바울의 전도와 제자훈련과 관련한 책을 쓰기로 작정했다. 우선 바울과 관련한 책이 얼마나 되는지를 검색했다. 그 과정에서 놀라운 사실 하나를 발견하였다. 바울을 소재로 다룬 책은 이루 헤아릴 수 없을 정도였는데, 주로 그의 신학과 생애, 그리고 3차 전도 여행을 중심으로 다루었을 뿐 복음 전도와 제자훈련을 주제로 삼은 것은 찾아보기 어려웠다. 그래서 곧바로 집필을 시작한 것이 바로 본서

《바울, 전도를 말하다》이다.

사람들은 바울을 가리켜 신학자, 선교사, 목사라고 즐겨 부른다. 그런데 실제로 그에게 가장 잘 어울리는 것은 복음 전도자다. 바울! 이름만 들어도 복음 전도가 연상될 정도로 바울과 복음 전도는 떼려야 뗄 수 없다. 바울은 복음 전도를 위해 특별히 보내심을 받은 사람이다. 바울은 다메섹 도상에서 예수님을 만나면서 이방인과 임금과 이스라엘 자손을 위한 복음 전도자로 부르심을 받았고(행 9:15), 3차 전도 여행을 통하여 땅끝까지 복음을 전하였고, 결국 복음 때문에 로마에서 순교의 제물이 되었다.

본서는 바울이 복음 전도자로 부르심을 받아 순교하기까지의 전 과정을 다룬다. 하나님께서 그를 복음 전도자로 부르시기 전 어떻게 준비시키셨는지, 그가 복음을 어떻게 이해했는지, 복음을 전하기 전 누구에게 훈련을 받았는지, 어떤 전도법을 익혔는지, 어떤 전략으로 유대인과 이방인을 전도했는지, 3차 전도 중 예루살렘에 간 이유는 무엇인지, 유대인 전도에 목숨을 건 이유는 무엇인지, 그리고 복음을 전하여 교회를 세운 궁극적 목적은 무엇인지 등을 다룬다.

《바울, 전도를 말하다》가 기존의 바울 관련 서적들과 전혀 다르게 강조하는 것들이 있다.

첫째로, 바울이 마태복음의 지상명령에 순종하여 제자 삼아 복음을 전했듯이 우리도 제자 삼아 복음을 전해야 한다는 것이다. 왜냐하면 제자훈련은 예수께서 가르쳐 주시고 명령하신 가장 효과적인 전도법이기 때문이다.

둘째로, 바울이 복음 전도를 통하여 가정교회를 세우고 이 땅에 하나님의 나라를 건설하였듯이 우리도 전도의 목표를 단순히 영혼 구원에 두지 말고 가정교회 개척을 통한 하나님 나라의 건설에 두어야 한다는 것이다. 즉 복음 전도, 가정교회 개척, 하나님 나라의 건설은 일직선상에 있다는 것이다.

셋째로, 예수께서 모든 민족을 제자 삼으라고 하신 명령의 최초 수명자(受命者)는 유대인이므로 이들을 제자 삼도록 훈련해서 그들과 함께 세계 복음화를 이루어야 한다는 것이다. 즉 유대인을 단지 선교의 대상이 아닌, 세계 선교의 주체로 세워야 한다는 것이다.

본서를 읽는 분 모두가 바울처럼 제자훈련으로 복음을 전하여 가정교회를 개척하고 이 땅에 하나님의 나라를 세울 뿐만 아니라 유대인을 제자 삼아 그들과 함께 세계 복음화를 이루어 주의 재림을 온전히 준비하게 되기를 간절히 두 손 모아 빈다.

생명 걸고 복음전하기를 꿈꾸는 자

차 례

추천의 글 | 박양우(더처치 목사, 전 문화체육관광부 장관)
프롤로그 | 유대인과 함께 세계 복음화를 꿈꾼다!

PART 1 바울, 박해자에서 복음 전도자로 거듭나다   015
01_바울이 스데반 순교의 증인이 된 것은 우연인가?
02_바울이 다메섹 도상에서 예수 그리스도를 만나다
03_바울은 언제 거듭났고, 얼마 동안 사역했는가?

PART 2 바울은 전도 훈련을 받지 않았다?   037
01_바울은 기도로 복음 전도를 준비했다
02_바울은 다메섹에서 제자훈련 전도법을 배웠다
03_제자훈련은 가장 효과적인 전도법이다
04_바울은 아라비아에서 얼마 동안 무엇을 했는가?

PART 3 바울은 복음을 어떻게 이해했는가?   061
01_ 바울이 전한 복음은 예수님의 복음과 달랐는가?
02_ 바울은 복음을 이렇게 이해했다
03_ 바울 시대에만 '다른 복음'이 있는 것은 아니다

PART 4 바울은 제자훈련 전도법으로 복음을 전했다   081
01_제자훈련 전도법은 예수님과 초대교회의 전도법이다
02_바울은 세 가지 방법으로 전도제자를 만들었다
03_우리도 제자훈련 전도법으로 복음을 전해야 한다

PART 5 누가는 바울의 전도를 어떻게 이해했는가?   111
01_회당을 이용하여 복음을 전했다
02_도시 중심의 전도를 했다
03_사명을 가지고 복음을 전했다
04_성령의 능력으로 복음을 전했다
05_땅끝까지 복음을 전했다

PART 6 바울은 자신의 전도를 어떻게 설명했는가?   149
01_기도로 전도했다
02_교회 개척 전도를 했다
03_협력하여 전도했다
04_자비량으로 전도했다
05_눈높이에 맞춘 전도를 했다

PART 7 왜 바울은 위험한 상황에서도 예루살렘에 올라갔는가?   181
01_바울은 예루살렘에 몇 번 올라갔는가?
02_바울은 헌금 전달보다 더 중요한 이유로 예루살렘에 올라갔다
03_바울의 마지막 예루살렘 방문은 성령을 거스른 것인가?

PART 8 왜 바울은 유대인 전도에 목숨을 걸었는가?   201
01_이방인 선교사이지만 먼저 유대인에게 복음을 전해야 함을 알았기 때문이다
02_유대인의 구원과 주의 재림이 불가분의 관계임을 알았기 때문이다
03_유대인을 단지 구원의 대상이 아니라 세계 선교의 주역으로 보았기 때문이다

PART 9 바울이 복음을 전하여 교회를 세운 궁극적인 이유는
무엇인가? 223
01_ 바울은 복음을 전하여 교회를 세웠다
02_ 바울은 교회를 하나님 나라 건설의 도구로 이해했다
03_ 바울의 복음 전도와 교회의 방향성을 공유해야 한다

에필로그
바울의 뒤를 잇는 사역자들이 일어나게 하소서

부록
01 유대인 제자화를 통한 세계 복음화를 주장하는 성경적 근거는 무엇인가?
02 'D3전도중심제자훈련'이 유대인 제자훈련에 사활을 건 이유가 있다!

PART
1

바울, 박해자에서 복음 전도자로 거듭나다

PART 1

01_바울이 스데반 순교의 증인이 된 것은 우연인가?
02_바울이 다메섹 도상에서 예수 그리스도를 만나다
03_바울은 언제 거듭났고, 얼마 동안 사역했는가?

바울, 박해자에서
복음 전도자로
거듭나다

01_바울이 스데반 순교의 증인이 된 것은 우연인가?

바울은 로마의 속주였던 길리기아의 중심지인 다소(현재의 튀르키예 남동부 지역)에서 태어났다. 탄생 시기는 정확히 알 수 없으나, 대략 기원후 1년에서 10년 사이로 추정된다. 그가 다소라는 지역에서 탄생한 것으로 보아 디아스포라 유대인이라는 것을 알 수 있다.

다소는 철학이 발달한 지역으로, 헬라어와 아람어가 동시에 사용되었고, 히브리어도 간혹 사용되었다. 혹자는 바울의 이름에 관하여 사울이 변하여 바울이 되었다고 하지만, 이는 사실이 아니다. 당시 로마 시민권자는 일반적으로 세 가지 이름을 가지고 있었다. 바울도 로마 시민권을 가지고 있었으므로 3중 이름, 즉 유대 이름인 사울과 헬라 이름인 바울(행 13:9), 그리고 그가 속한 가문을 해방시켜 준 로마인의 성을 가졌을 것이라고 주장하는 자들도 있으나 확실한 증거는 없다. 그러나 그가 이방인 선교에 힘쓰면서 로마식 이름인 바울을 더 적극적으로 사용한 것으로 보인다.

바울은 5세까지 어머니 무릎에서 구약 말씀을 들으며 자랐고, 6-12세까지는 회당에서 의무교육을 받았고, 13세에 성인식과 함께 직업교육을 받았다. 당시 길리기아 지방은 흑염소 털로 만든 '길리기움'이라는 천막의 원산지였으므로, 아마도 바울은 어려서부터 길리기움 천막을 만드는 기술을 배웠을 것이다. 이는 누가가 바울을 '장막을 만드는 자'라고 언급한 것을 통해 확인할 수 있다(행 18:3).

그리고 15세가 넘어서 바리새인이 되기 위해 예루살렘으로 유학했다. BC 1세기경 바리새인들 안에 두 개의 경쟁적인 학파가 있었는데 하나는 극보수주의 입장인 샴마이(Shammai) 학파이고, 다른 하나는 개방적이고 진취적인 입장인 힐렐(Hillel) 학파였다. 바울은 이들 중 힐렐의 손자인 가말리엘(가말리엘 1세)의 문하생으로 훈련을 받았다(행 22:3).

성경은 바울이 예루살렘에서 가말리엘 문하생으로 율법을 배우던 중 어떤 계기로 그리스도인을 핍박하게 되었는지는 정확히 언급하지 않는다. 그러나 그가 그리스도인을 얼마나 박해했는지는 여러 성경 구절에서 나타난다.

> 성 밖으로 내치고 돌로 칠새 증인들이 옷을 벗어 사울이라 하는 청년의 발 앞에 두니라 행 7:58
>
> 사울은 그가 죽임 당함을 마땅히 여기더라 그 날에 예루살렘에 있는 교회에 큰 박해가 있어 사도 외에는 다 유대와 사마리아 모든 땅으로 흩어지니라 경건한 사람들이 스데반을 장사하고 위하여 크게 울더라 사울이 교회를 잔멸할새 각 집에 들어가 남녀를 끌어다가 옥에 넘기니라 행 8:1-3
>
> 사울이 주의 제자들에 대하여 여전히 위협과 살기가 등등하여 대제사장에게 가서 다메섹 여러 회당에 가져갈 공문을 청하니 이는 만일 그 도를 따르는 사람을 만나면 남녀를 막론하고 결박하여 예루살렘으로 잡아오려 함이라 행 9:1-2

내가 이 도를 박해하여 사람을 죽이기까지 하고 남녀를 결박하여 옥에 넘겼노니 이에 대제사장과 모든 장로들이 내 증인이라 또 내가 그들에게서 다메섹 형제들에게 가는 공문을 받아 가지고 거기 있는 자들도 결박하여 예루살렘으로 끌어다가 형벌 받게 하려고 가더니 행 22:4-5
나도 나사렛 예수의 이름을 대적하여 많은 일을 행하여야 될 줄 스스로 생각하고 예루살렘에서 이런 일을 행하여 대제사장들에게서 권한을 받아 가지고 많은 성도를 옥에 가두며 또 죽일 때에 내가 찬성 투표를 하였고 또 모든 회당에서 여러 번 형벌하여 강제로 모독하는 말을 하게 하고 그들에 대하여 심히 격분하여 외국 성에까지 가서 박해하였고

행 26:9-11

바울은 그리스도인을 결박하여 옥에 넘겼고 죽이는 것도 서슴지 않았다. 당시 이스라엘은 산헤드린의 공회의를 통해 죄인을 처벌할 수 있었다. 특히 하나님, 율법, 성전 등을 모독한 경우는 즉결 처분이 가능했다. 전통적으로 죄인을 처형하는 절차는 다음과 같다. 먼저 죄인을 예루살렘 성 밖으로 끌어낸다. 참여한 두 명의 증인이 죄인의 웃옷을 벗기고, 자신들의 옷도 벗어서 한 명의 감독관 앞에 놓는다.

투석형 처형자는 자신이 묻힐 깊이 3~5m의 구덩이를 스스로 판 후, 그 구덩이를 등지고 서도록 세워진다. 이후 첫 번째 증인이 돌을 그의 가슴팍을 향해 던지는데, 이 돌은 조약돌 수준이 아니라 맷돌만 한 돌이라고 한다. 이 돌을 죄인의 가슴팍을 향하여 던지면

뒤에 구덩이로 넘어지는데 이때 보통 목뼈가 부러져 의식을 잃게 된다. 이후 사람들이 작은 돌들을 던져 구덩이를 메우며 죄인을 완전히 죽음에 이르게 한다.

참고로 당시 바울은 산헤드린 공회원이었을 가능성이 크다고 본다.

첫째, 당시 투석형 집행 시, 증인들은 먼저 돌을 던지기 전에 옷이 걸리적거리지 않도록 미리 벗어두었다. 이때 증인들의 옷을 맡아 관리하는 사람은 단순히 구경꾼이 아니라, 그 사형 집행에 대한 권한과 책임을 가진 산헤드린 공회원이었는데 바울이 옷을 맡았기 때문이다.

둘째, 바울이 다메섹으로 가서 예수 믿는 사람들을 잡아 오기 위해 대제사장에게 공문을 받았는데, 이러한 공문은 일반인이 받을 수 있는 것이 아니라 산헤드린과 같은 종교 권위자들만 받을 수 있었는데 바울이 이를 받았기 때문이다.

셋째, 산헤드린 공회원은 대제사장, 장로, 율법 학자 등으로 구성되었는데 특히, 바리새인과 사두개인이 주를 이루었다. 그런데 바울은 철저한 바리새인이었고, 가말리엘이라는 유명한 율법 교사 아래서 공부한 율법학자였기 때문이다.

바울이 그리스도인 핍박에 앞장섰던 그때, 스데반은 기독교 역사상 첫 번째 순교의 제물이 되었다. 그는 마지막 순간, 이렇게 기도했다.

"주여, 이 죄를 그들에게 돌리지 마옵소서."

스데반이 이렇게 기도할 수 있었던 것은 예수께서 십자가에 못 박혀 죽으실 때 두 행악자를 위해 기도하신 것을 기억했기 때문일 것이다(눅 23:34).

중요한 것은, 바울이 스데반의 순교 현장에서 그가 하나님께 마지막으로 드리는 기도를 들었다는 것이다. 하나님께서 그의 기도를 들으시고 예수 그리스도를 박해한 죄를 바울에게 돌리지 않으시고, 오히려 그를 복음 전도자로 변화시키신 것이다. 따라서 바울이 스데반 순교의 증인이 된 것은 결코 우연이 아니다. 하나님께서 박해자 바울을 복음 전도자로 사용하시려고 스데반을 순교 제물로 받으신 것이다.

바울은 평생 자신에게 임한 은혜가 전부 스데반이 죽으면서 하나님께 드린 기도의 결과라고 생각했을 것이다. 스데반이 순교의 제물이 되지 않았다면, 바울은 하나님의 은혜를 받을 수도 복음 전도자가 될 수도 없었을 것이다. 그래서 바울은 자신이 기록한 13편의 서신 중 여러 곳에서 스데반을 떠올리게 하는 표현을 사용하고 있는데, 특히 그가 죽음을 앞두고 마지막으로 썼던 디모데후서에는 이렇게 기록되어 있다.

전제와 같이 내가 벌써 부어지고 나의 떠날 시각이 가까웠도다 나는 선한 싸움을 싸우고 나의 달려갈 길을 마치고 믿음을 지켰으니 이제 후로는 나를 위하여 의의 면류관이 예비되었으므로 주 곧 의로우신 재판장

이 그 날에 내게 주실 것이며 내게만 아니라 주의 나타나심을 사모하는 모든 자에게도니라 딤후 4:6-8

여기서 '면류관'이라는 단어는 헬라어로 '스테파노스'이다. 이는 당시 황제가 공을 세운 자에게 씌워주던 월계관을 의미한다. 그런데 이것이 스데반의 이름이었다. 바울이 천국에 갔을 때 제일 먼저 만나고 싶었던 사람은 아마도 스데반이었을 것이다. 바울이 스데반을 만났을 때, 과연 가장 먼저 어떤 말을 건넸을까? 아마도 이렇게 말할 것이다.

"당신의 죽음이 나를 영원히 살렸습니다."

바울에게만 스데반이 있는 것은 아니다. 우리가 하나님의 자녀가 될 수 있었던 것은 우리 주변에도 또 다른 스데반이 있었기 때문이다. 그들의 눈물과 헌신이 없었다면 결코 하나님의 자녀가 되지 못했을 것이다. 이제 우리가 누군가의 스데반이 되어야 한다.

참고로 누가는 "… 예수께서 하나님 우편에 서신 것을 보고"(행 7:55)라고 기록한다. 일반적으로 예수께서 하나님 우편에 앉아 계시는 것으로 묘사된다(마 26:64; 막 16:19; 눅 20:43; 22:69; 롬 8:34; 골 3:1; 히 1:3; 8:1; 10:12; 12:2; 벧전 3:22). 반면 '예수께서 서 계신다'는 표현은 성경 전체에서 오직 이곳에만 등장한다. 예수께서는 자신의 이름 때문에 스데반이 처음으로 죽임을 당하는 것을 보시고 가만히 앉아서 받으실 수 없기에 일어나셨던 것은 아닌지 궁금하다.

02_바울이 다메섹 도상에서 예수 그리스도를 만나다

주후 150년경에 쓰인 《바울과 테클라의 행전》에는 바울의 외모에 대한 신뢰할 만한 전승이 기록되어 있다. "체구가 작고, 대머리이며, 다리가 휘었고, 몸이 다부지며, 미간이 아주 좁고, 코가 긴 편이다." 그리고 고린도후서는 "그가 몸으로 대할 때는 약하고 그 말도 시원하지 않다"(고후 10:10)라고 말한다. 요약하자면, 그는 외적으로 폭행이나 살인을 감행할 만한 신체적 조건을 갖춘 인물이 아니었다.

그런데 그가 스데반을 죽음으로 몰아가는 것에서 멈추지 않고 맹수처럼 그리스도인들을 박해할 수 있었던 이유는 무엇인가? 예수님 믿는 사람들을 박해할 수 있는 권한을 대제사장으로부터 위임받았기 때문이었다(행 9:2). 즉, 그는 대제사장에게서 위임받은 권한으로 그리스도인에 대한 박해를 정당화할 수 있었던 것이다.

당시 이스라엘은 로마의 지배를 받고 있었기 때문에 사법권을 포함한 모든 결정권은 로마에 있었지만, 로마는 자신들의 업무를 줄이기 위해 전통, 종교, 문화적인 안건에 대해서는 이스라엘 스스로 처리할 수 있도록 자치 기구를 허락하였다.

유대인들의 자치 기구는 산헤드린이다. 이는 '함께 모여 앉는다'는 뜻의 그리스어 '신헤드리온'(Synhedrion)에서 비롯되었으며, 회의나 평의회 등을 의미한다. 산헤드린은 유대 사회에서 나타나는 여러 갈등을 조정하는 역할을 했을 뿐 아니라 유대 율법에 따른 재판권을 행사했으며, 형벌을 집행할 권한도 지니고 있었다.

산헤드린은 유대 지역의 주요 도시마다 있었는데, 예루살렘에는 71명으로 구성된 '대 산헤드린'(Great Sanhedrin)이 유대 사회의 최고 법원이자 자치 기구로서 역할을 하였다.

바울은 다메섹에 그리스도인들이 많이 살고 있다는 정보를 얻고 대제사장에게 가서 그들을 예루살렘으로 잡아 오도록 허락받았다. 예루살렘에서 다메섹까지는 약 240km 거리로, 당시 도보로는 약 일주일이 소요되었다. 성경에는 바울이 예루살렘을 떠나 어떤 경로로 다메섹으로 갔는지에 대해서는 구체적인 언급이 없다.

당시 예루살렘에서 다메섹으로 가는 길은 '비아 마리스'(바다 옆의 도로라는 뜻)를 통해 가거나, '왕의 대로'를 따라갈 수 있었다. 필자는 바울이 예루살렘에서 서해안(욥바)으로 가서 '비아 마리스'를 따라 골란고원을 통해 가이사랴 빌립보를 지나 다메섹으로 갔을 것으로 추측한다. 왜냐하면 '왕의 대로'를 이용하려면 예루살렘에서 요단강을 건넌 후에 '왕의 대로'까지 가야 하는데, 당시 요르단 구간을 지나는 '왕의 대로'는 '비아 마리스'보다 도로 사정이 불편했기 때문이다.

바울은 다메섹에 도착하기 전 하우란 평야의 어느 지점에서 예수님을 만난 것으로 보인다. 사도행전 26장에는 예수께서 다메섹 도상에서 바울을 만나시며 그에게 하신 말씀이 추가적으로 기록되어 있다. "우리가 다 땅에 엎드러지매 내가 소리를 들으니 히브리 말로 이르되 사울아 사울아 네가 어찌하여 나를 박해하느냐 가시채를 뒷발질하기가 네게 고생이니라"(행 26:14). '가시채를 뒷발질하기가 네게 고생'이라는 말씀이 사도행전 9장에는 없지만, 26장에서는 바울 자신의 고백으로 추가되어 있다. 새번역 성경은 '가시 돋친 채찍을 발길로 차면, 너만 아플 뿐이다'라고 번역한다. 즉 바울이 스스로 정의감에 사로잡혀 행동하고 있지만 이는 그 자신을 죽이는 행동이라는 뜻이다.

그런데 바울이 자신의 행동이 잘못된 종교적 확신에서 비롯된 것임을 깨닫자 어떻게 했는가? 땅에 엎드러지고 나서 가장 먼저 "주여 누구시니이까?"라고 물었다. 이는 자신의 잘못을 인정하고 주님의 말씀에 순종하겠다는 뜻을 내비친 것이다.

이에 예수께서 "나는 네가 박해하는 예수다"라고 하셨다. 사실 바울은 예수님 자신을 직접 박해한 적은 없다. 예수께서는 이미 승천하셨기 때문이다. 바울이 박해한 것은 예수를 믿는 자들이지 예수님이 아니다. 따라서 예수께서 이렇게 말씀하신 것은 교회를 핍박하고 욕하는 것은 곧 예수님을 핍박하고 욕하는 것이라는 뜻이다. 바울이 이를 깨닫고 나중에 "교회는 예수 그리스도의 몸이고, 교회의 머리는 예수 그리스도이시다"라고 고백한 것이다.

이후 동료들이 그를 데리고 다메섹에 들어와 '직가'라 하는 거리로 가서 유다의 집에 머무른다. 이때 아나니아가 찾아와 그를 위해 기도하자 시력을 찾고 세례를 받았다(행 9:17-18). 그리스 전통에 의하면 아나니아는 다메섹 출신으로, 예수께서 택하신 70명(눅 10:1) 제자 중 한 명이다. 스데반이 죽고 난 후 고향으로 돌아와 다메섹의 첫 번째 주교가 되었다. 나중에 리시니우스 총독에 의해 체포되어 다메섹 밖에서 돌에 맞아 순교했다고 전해진다.

이 과정에서 하나님께서 아나니아와 제자들을 준비해 놓으셨다는 사실에 주목해야 한다. 만일 바울 곁에 아나니아를 비롯한 믿음의 공동체가 없었더라면, 바울은 무엇을 해야 하는지 알지 못했을 뿐만 아니라 아무것도 할 수 없었을 것이다. 찰스 캠벨(Charles Campbell)은 다음과 같이 말한다. "소명은 단순히 나와 예수님 사이의 문제만이 아닙니다. 믿음의 공동체에 의해 판단되고 확인되고 방향이 정해져야만 하는 것입니다."

개인적으로 기도하거나 성경 공부와 말씀 묵상을 위한 자기만의 골방이 필요하다. 하지만 그리스도의 몸인 교회 공동체의 지지나 격려 없이는 지상명령에 순종하는 삶을 살아갈 수 없다. 교회는 문자 그대로 지상에 존재하는 그리스도의 몸이다. 따라서 그리스도인은 교회 없이 아무것도 할 수 없다.

하나님께서는 아나니아를 통해서 바울에게 매우 귀중한 사명을 알려주셨다.

주께서 이르시되 가라 이 사람은 내 이름을 이방인과 임금들과 이스라엘 자손들에게 전하기 위하여 택한 나의 그릇이라 행 9:15

이 말씀은 어떤 의미인가? 하나님께서 바울이 이 세상에 태어나기도 전에 그를 이방인과 임금들과 이스라엘 자손들에게 복음을 전하는 자로 택정하셨다는 뜻이다. 외견상으로는 바울이 다메섹에 도착하기 직전에 하나님께서 그를 만나주신 것처럼 보이지만, 사실은 그보다 훨씬 앞서 그에 대한 계획을 가지고 계셨던 것이다. 이는 마치 도공이 작품을 만들기 전에 먼저 그 형태와 용도를 구상하는 것과 같다.

이런 사실에 대해 바울은 다음과 같이 말한다. "그러나 내 어머니의 태로부터 나를 택정하시고 그의 은혜로 나를 부르신 이가 그의 아들을 이방에 전하기 위하여 그를 내 속에 나타내시기를 기뻐하셨을 때에 내가 곧 혈육과 의논하지 아니하고"(갈 1:15-16; 행 9:15 참조).

바울이 다메섹 도상에서 예수님을 만난 것은 바울 개인뿐 아니라 세계 교회사에서 중대한 의미를 갖는 사건이다. 영국의 신학자 존 스토트는 다음과 같이 말했다.

"다메섹 도상에서의 사울의 체험은 교회사에서 가장 유명한 회심이다."

예수께서 교회를 그토록 박해하던 사울을 찾아오시고, 그에게 새롭고 올바른 인생의 길을 보여주시며 인도해 주셨듯이, 오늘도 주님께서 우리를 찾아오신다. 우리가 아무리 반역하고 주님 뜻대로 살지 않더라도 여전히 우리를 찾아오시며 우리에게 기회를 주신다.

혹자는 바울이 다메섹 도상에서 예수님을 만난 것을 강조하며 우리도 극적으로 예수님을 만나야 한다고 주장한다. 과연 그럴까? 사람들이 예수님을 믿게 되는 방식은 크게 세 가지 유형으로 분류할 수 있다.

첫째, 디모데 형이다. 이는 소위 모태신앙이거나 어릴 때부터 스스로 예수님을 믿는 경우다.

둘째, 빌립과 안드레 형이다. 이는 빌립이 나다나엘을, 안드레가 자기 형 시몬을 주님께 인도했듯이, 누군가의 전도로 믿음에 이르게 되는 유형이다.

셋째, 바울 형이다. 이는 바울이 극적으로 다메섹 도상에서 예수님을 믿게 되었듯이 어떤 극적인 체험을 통하여 예수님을 믿는 경우다. 이 세 유형 중 대부분은 첫째와 둘째 유형에 속하고, 극소수만 셋째 유형에 속한다.

어떤 유형으로 예수님을 믿을지는 우리의 권한이 아니라 오로지 주님의 뜻에 달려 있다. 하나님께서는 각 사람에게 가장 적합한 방식으로 부르시기 때문에, 바울의 다메섹 회심 사건을 일반화하거나 표준으로 삼아서는 안 된다.

왜 하나님께서 바울이 다메섹에 도착하기 전 그를 거꾸러뜨리셨는지 잠시 생각해 볼 필요가 있다. 이는 당시 다메섹이 어떤 도시였는지를 알면 그 이유를 추측할 수 있다.

다메섹은 고대로부터 지정학적 위치로 인해 군사적으로, 상업적으로, 종교적으로 상당히 중요한 역할을 했기 때문에 동쪽과 서쪽에서 온 사람들로 언제나 붐볐다. 바울 시대에는 이곳에서 자유롭게 종교 생활을 할 수 있었기에 적어도 15,000명 이상의 유대인이 율법에 얽매이지 않고 자유롭게 살아갈 수 있었다고 한다.

그런데 바울이 다메섹에 들어가서 믿는 자들을 계속 예루살렘으로 압송했더라면 어떻게 되었겠는가? 그리스도인은 발붙일 수 없었을 것이고 교회는 살아남지 못했을 것이다. 하나님께서 이를 아시고 바울이 다메섹에 도착하기 전 그를 거꾸러뜨리신 것이다. 하나님께서는 감당할 시험만 허락하신다. 그리고 피할 길을 내사 능히 감당하게 하신다.

> 사람이 감당할 시험 밖에는 너희가 당한 것이 없나니 오직 하나님은 미쁘사 너희가 감당하지 못할 시험 당함을 허락하지 아니하시고 시험 당할 즈음에 또한 피할 길을 내사 너희로 능히 감당하게 하시느니라 고전 10:13

03_바울은 언제 거듭났고, 얼마나 사역했는가?

 바울의 일생을 완전히 바꿔 놓은 회심 사건은 과연 그가 몇 살 때 일어난 것일까? 그리고 바울은 거듭난 후 얼마 동안 사역하다가 순교했을까? 조금이라도 바울에 관심이 있는 사람이라면 당연히 이를 알고 싶을 것이다. 그러나 아쉽게도 성경, 특히 사도행전이나 바울서신은 그의 회심 당시나 순교 당시 나이에 대해 전혀 언급하지 않는다. 단지 다양한 방법을 통해 이를 추정할 따름이다.

 먼저 바울이 몇 살에 거듭났는지를 살펴보기로 한다.
 첫째로, 스데반이 박해를 받고 순교를 당한 때를 알면 추정이 가능하다. 일반적으로 신학자들은 스데반의 순교 사건이 예수께서 승천하신 후 약 2-3년 내에 일어났다고 본다. 예수께서 AD 30년 4월 7일에 십자가에 처형당하셨고, 그 다음 날이 안식일이었고 동시에 유월절이었다. 그런데 유월절과 안식일이 같은 날에 겹친 해는 AD 30년이었기 때문에 스데반의 순교는 AD 32년 혹은 33년경으로 추정한다. 일반적으로 학자들은 32년경으로 본다.
 둘째로, 사도행전 7장 58절을 통해 추정이 가능하다. "성 밖으로 내치고 돌로 칠새 증인들이 옷을 벗어 사울이라 하는 청년의 발 앞에 두니라." 이는 사도행전에서 바울이 처음 등장하는 구절인데, 누가는 이때 바울을 '청년'이라 표현한다. 따라서 유대 사회에서 청년이라는 단어가 어느 정도의 연령층에 사용되었는지 알면 바울의 나이를 어느 정도 추정할 수 있다.

'사이먼 키스트메이커'(Simon J. Kistemaker)는 청년을 의미하는 헬라어 '네아니아스'(νεανιας)는 24-40세를 가리키는 보다 광범위한 연령층에 쓰이는 단어라고 주장한다. 따라서 스데반이 순교를 당할 때 바울의 나이는 24-40세 정도였다고 추정할 수 있다. 그런데 당시 증인들이 옷을 벗어서 청년 사울의 발 앞에 둔 것은 사울이 스데반의 죽음에 대해 '책임 있는 자리'(산헤드린 회원)에 있었다는 것을 암시하는데, 유대교에서 이런 역할을 수행하려면 적어도 30세는 되어야 한다. 따라서 스데반이 순교를 당할 때, 바울은 최소한 30세는 되었다고 추정할 수 있다.

셋째로, 그리스 델피의 아폴로 신전에서 발굴된 '갈리오 비문'(Gallio Inscription)을 통해 추정이 가능하다. 갈리오 비문은 델피에서 발견되었으므로 '델피 비문'(Delphi Inscription)이라고도 한다. 갈리오 비문은 바울의 연대기 설정에서 매우 중요한 단서를 제공한다. 이 비문에는 로마 황제 클라우디우스가 총독 갈리오를 언급하는 내용이 있으며, 당시 갈리오는 아가야 지방의 총독이었다. 학자들의 연구에 따르면 갈리오는 주후 51년부터 52년 사이에 아가야의 총독이었던 것으로 확인된다.

그는 사도행전에서도 등장한다. "갈리오가 아가야 총독 되었을 때에 유대인이 일제히 일어나 바울을 대적하여 법정으로 데리고 가서"(행 18:12). 바울은 제2차 전도 여행 직전에 예루살렘 교회를 방문했는데(행 15장), 고린도에서 1년 6개월간 체류한 후(행

18:11) 총독 갈리오를 만났기 때문에, 이 방문은 주후 50년경으로 추정된다.

그런데 바울은 이 방문이 14년 만에 예루살렘을 다시 방문한 것이라고 말한다(갈 2:1). 14년 전, 즉 바울은 주후 36년경에 이미 예루살렘 교회를 방문한 적이 있다(갈 1:18-20). 그런데 기원 후 36년에 바울이 예루살렘 교회를 방문하기 전 다메섹에서 다년간(일반적으로 3년) 복음을 전하고 있었고, 그로 인해 죽임을 당할 위기에서 광주리를 타고 탈출한 후 예루살렘 교회를 방문했다. 따라서 바울이 다메섹에 체류한 기간 등을 고려하면, 그의 회심은 AD 33년경으로 추정된다. 이는 예수님의 공생애와 매우 가까운 시기이다. 즉 부활하신 예수께서 얼마 지나지 않아 다메섹으로 가던 바울을 부르셨던 것으로 보인다.

위 내용을 종합해 볼 때, 바울은 스데반 순교 당시(AD 32년경) 최소한 30세였던 것으로 추정된다. 따라서 아마도 바울은 AD 1년에 출생한 것으로 보인다. 바울의 나이는 AD의 연대와 거의 비슷하게 진행된다고 할 수 있으며 여기에 약 2-3년 정도의 오차를 감안하더라도 큰 무리는 없다고 본다.

다음은 바울이 언제 그의 사역을 마무리했는지를 간략히 살펴보자. 바울은 30대 초반에 다메섹 도상에서 회심을 경험하고, AD 32-35년경 아라비아로 가서 다년간 복음을 전한다(갈 1:17-18).

바울이 머물렀던 '아라비아'는 당시 나바테아 왕국이 지배했다. 바울은 다메섹에서 전도할 때 '아레다'(Aretas) 왕의 고관이 자신을 잡으려 했다고 말한다(고후 11:32). 이 왕은 나바테아 왕국 '아레타스 4세'다. 당시 나바테아 왕국은 아라비아 반도 북동부에서 유프라테스 강 유역과 시리아의 다메섹 지역을 포함하는 영토를 지배했다.

그는 AD 35년경(35세) 1차로 예루살렘을 방문하여 15일 동안 베드로와 야고보를 만난다(갈 1:18-19). 그러나 바나바 외에는 그의 회심을 믿지 않았다(행 9:26-27). 바울은 고향 다소로 돌아가서 약 10년 정도 지낸다(갈 1:21). 이 기간에 바울이 무엇을 했는지 전혀 기록이 없기에 바울의 '숨겨진 기간'이라고 불린다.

바나바가 10년 후 다소에 가서 바울을 안디옥에 데려온다(행 11:25-26). 바울은 AD 45년경(44세) 안디옥 교회에서 바나바와 1년간 사역했다(행 11:26). AD 46년경 헌금을 모아 바나바와 2차로 예루살렘을 방문한다(행 11:30). 그리고 예루살렘에서 안디옥으로 돌아오는 길에 마가를 데리고 온다(행 12:25). AD 47-48년경 1차 전도 여행을 한다(행 13-14). 그 후 안디옥에서 일정 기간 체류한다(행 14:28).

AD 49년경 3차로 예루살렘을 방문한다(행 15:1). 예루살렘 공의회에서 이방인이 할례받지 않고 기독교인이 될 수 있다고 결정하자, 바울은 곧바로 갈라디아서를 써서 당시 이 문제로 혼란을 겪고 있던 갈라디아 교회에 보냈다고 볼 경우 갈라디아서가 바울서신 중에 최초로 쓴 편지가 된다. 그러나 일반적으로 데살로니가전서를 가장 먼저 쓴 서신으로 본다.

AD 49-52년경 2차 전도 여행을 한다(행 15:36-18:22). 이 여행 중에 고린도에서 데살로니가전후서를 기록했다. AD 54-58년경(53-57세) 3차 전도 여행을 한다(행 18:23-19:41). 에베소에서 고린도전서 일부를 기록하여 보냈고, 이후 나머지 부분도 완성해 전달했다(행 19:1-41; 고전 16:8). 빌립보(또는 마게도냐)에서 고린도후서를 써서 보냈고(행 20:3-6), 고린도에서 겨울을 보내면서 로마서를 기록했다.

AD 58년경(57세) 예루살렘에 네 번째로 올라갔고(행 21:17), AD 58-60년경(57-59세) 가아사랴에서 감금되었으며(행 24:27), AD 61년경(60세) 로마에 도착해서 2년 동안 가택 연금되었다(행 28). 이때 옥중서신이라고 불리는 에베소서, 빌립보서, 골로새서, 빌레몬서를 기록했다.

AD 63-66년경(62-66세), 로마에서 석방된 후 약 4년간 그레데, 밀레도, 에베소, 드로아, 마게도냐, 니고볼리 등을 다니며 복음을 전했고 마게도냐에서 디도서, 디모데전서를 기록했다. AD 64년경 로마에서 화재가 발생하자 당시 네로 황제는 기독교인들을 방화범으로 몰았다. 이로 인해 로마 제국 전역에서 기독교인들에 대한 박해가 시작되었고, 그 결과 바울은 AD 66년경 드로아에서 다시 체포되어 로마로 호송되었다.

주후 66년경 늦은 봄에 2차로 로마 감옥에 투옥되어 디모데후서를 기록했으며, AD 67년경 여름, 그의 나이 66세쯤 되었을 때 로마에서 참수되어 순교했다. 따라서 바울의 사역 기간은 AD 32-35년경으로 추정된다.

PART 2

바울은 전도 훈련을 받지 않았다?

PART 2

01_바울은 기도로 복음 전도를 준비했다

02_바울은 다메섹에서 제자훈련 전도법을 배웠다

03_제자훈련은 가장 효과적인 전도법이다

04_바울은 아라비아에서 얼마 동안 무엇을 했는가?

바울은
전도 훈련을
받지 않았다?

01_바울은 기도로 복음 전도를 준비했다

바울이 다메섹에 거의 다다랐을 때 홀연히 빛이 그를 둘러 비추자, 순간 땅에 쓰러졌다. 그때 바울은 "사울아 사울아 네가 어찌하여 나를 박해하느냐"라는 소리를 듣고 "주여, 누구시니이까"라고 묻는다. 이에 예수께서 "나는 네가 박해하는 예수라 너는 일어나 시내로 들어가라 네가 행할 것을 네게 이를 자가 있느니라"(행 9:5-6)라고 말씀하셨다.

바울은 일어나 눈을 떴지만, 아무것도 볼 수 없었기에 사람들의 손에 이끌려 다메섹으로 들어가서 유다의 집에 머물렀다. 그곳에서 바울은 사흘 동안 아무것도 먹지도 마시지도 않았다. 그때 성령께서는 환상 중에 아나니아를 부르시고 이같이 말씀하셨다. "…일어나 직가라 하는 거리로 가서 유다의 집에서 다소 사람 사울이라 하는 사람을 찾으라 그가 기도하는 중이니라 그가 아나니아라 하는 사람이 들어와서 자기에게 안수하여 다시 보게 하는 것을 보았느니라 …"(행 9:11-12).

과연 바울이 사흘 동안 금식하며 기도한 내용은 무엇일까? 누가는 바울이 아나니아의 안수를 받고 다시 보게 될 때까지 기도했다고 하지만, 그가 기도한 내용에 대해서는 전혀 언급하지 않는다. 그러나 그가 다메섹 도상에서 빛 가운데 예수님을 만난 과정과 만난 후 그가 한 행동을 자세히 들여다보면 그의 기도 내용이 무엇인지 추정할 수 있다.

무엇보다 그는 회개의 기도를 했을 것으로 보인다. 이를 주장하는 데는 크게 두 가지 이유가 있다. 하나는, 누구든지 복음을 믿으려면 회개해야 하는데 바울이 다메섹 도상에서 예수님을 만나 구원받는 과정에서 죄를 회개했다는 말이 없기 때문이다. 자신이 박해한 예수님이 거짓 메시아가 아니라 진짜 메시아이신 것을 깨달았는데 어찌 회개하지 않을 수 있겠는가? 게다가 예수님의 충직한 종 스데반을 죽음으로 내몬 것에 대한 강한 죄책감을 느꼈을 것이고 스데반 외에도 수많은 그리스도인을 박해한 것을 떠올리며, 회개 외에는 다른 방법이 없다고 여겼을 것이다.

얼마 전, 번역과 작가로 활발히 활동하는 임은묵 목사와 만나 늦은 밤까지 대화를 나눈 적이 있다. 대화를 마치고 서로 헤어지려는 차에 내가 《바울, 전도를 말하다》를 집필하면서 바울이 사흘 동안 금식하며 무슨 기도를 했는지를 묵상하던 중 회개 기도를 했음을 깨달았다고 하자, 그도 이에 동의하며 그가 번역하여 출간한 존 라일의 《지금 기도하라》를 참고하라고 파일을 건넸다.

라일은 이렇게 말한다. "나는 사람이 자신을 구원해 달라고 기도하지 않은 채로 구원을 받을 수 있다는 것을 성경에서 읽은 적이 없습니다. 죄 용서를 받고자 하는 사람은 '주 예수님, 저에게 구원을 베풀어 주세요'라고 마음으로 말하지 않을 수 없습니다. 기도만으로 구원받을 사람은 없지만, 기도 없이 구원받을 사람도 없습니다." 회개 기도는 모든 기도의 시작이자 마침표다. 회개 없는 기도는 진정한 기도가 아니다.

다른 하나는, 바울이 유다 집에서 사흘 동안 먹지도 마시지도 않았기 때문이다(행 9:9). 일반적으로 금식 기도는 회개와 매우 밀접하다. 사무엘이 이스라엘 백성의 죄를 용서해 달라고 미스바에 모여 금식하며 회개했다(삼상 7:6). 다윗은 우리야의 아내 밧세바와의 사이에서 태어난 아기가 병에 걸려 몹시 앓게 되었을 때, 어린 아기를 살리려고 금식하면서 회개했다(삼하 12:22). 필자도 예수님을 믿기 전, 3일 금식을 했는데 이는 회개를 위한 것이었다.

다음은, 주께 받을 사명을 위해 기도했을 것이다. 예수께서 바울에게 자신이 그가 핍박하는 예수라고 말씀하시고 그에게 이렇게 말씀하셨다. "너는 일어나 시내로 들어가라 네가 행할 것을 네게 이를 자가 있느니라 …"(행 9:6; 22:10). '네가 행할 것'은 장차 바울이 해야 할 일, 곧 그의 사명에 관한 것이다. 아마 바울은 이 말씀을 들은 후, 이렇게 기도했을 것이다. "주님, 저에게 행할 일을 이를 자가 있다고 하셨는데 그를 통해 저의 사명을 잘 알아 온전히 감당하게 하소서."

하나님께서는 먼저 바울에게 말씀하신 뒤, 아나니아에게도 바울의 사명을 알려주라고 명령하셨다. "주께서 이르시되 가라 이 사람은 내 이름을 이방인과 임금들과 이스라엘 자손들에게 전하기 위하여 택한 나의 그릇이라 그가 내 이름을 위하여 얼마나 고난을 받아야 할 것을 내가 그에게 보이리라 하시니"(행 9:15-16).

바울은 예수께서 말씀하신 대로 아나니아를 통해 자신이 무엇

을 해야 할지를 전해 듣고, 그의 사명을 감당하기 위해 계속 기도
했을 것이다. 이런 사실은 바울을 쫓아다니며 그의 사역을 기록한
누가의 기록을 통해 재차 확인할 수 있다.

주를 섬겨 금식할 때에 성령이 이르시되 내가 불러 시키는 일을 위하여
바나바와 사울을 따로 세우라 하시니 이에 금식하고 기도하고 두 사람
에게 안수하여 보내니라 행 13:2-3

각 교회에서 장로들을 택하여 금식 기도 하며 그들이 믿는 주께 그들을
위탁하고 행 14:23

안식일에 우리가 기도할 곳이 있을까 하여 문밖 강가에 나가 거기 앉아
서 모인 여자들에게 말하는데 행 16:13

우리가 기도하는 곳에 가다가 점치는 귀신들린 여종 하나를 만나니 점
으로 그 주인들에게 큰 이익을 주는 자라 행 16:16

이 말을 한 후 무릎을 꿇고 그 모든 사람들과 함께 기도하니 다 크게 울
며 바울의 목을 안고 입을 맞추고 다시 그 얼굴을 보지 못하리라 한 말
로 말미암아 더욱 근심하고 배에까지 그를 전송하니라 행 20:36-38

이 여러 날을 지낸 후 우리가 떠나갈새 그들이 다 그 처자와 함께 성문
밖까지 전송하거늘 우리가 바닷가에서 무릎을 꿇어 기도하고 서로 작
별한 후 우리는 배에 오르고 그들은 집으로 돌아가니라 행 21:5-6

후에 내가 예루살렘으로 돌아와서 성전에서 기도할 때에 황홀한 중에
보매 주께서 내게 말씀하시되 속히 예루살렘에서 나가라 그들은 네가
내게 대하여 증거하는 말을 듣지 아니하리라 하시거늘 내가 말하기를

주님 내가 주를 믿는 사람들을 가두고 또 각 회당에서 때리고 또 주의 증인 스데반의 피를 흘릴 때에 내가 곁에 서서 찬성하고 그 죽이는 사람들의 옷을 지킨 줄 그들도 아나이다 나더러 또 이르시되 떠나가라 내가 너를 멀리 이방인에게로 보내리라 하셨느니라 행 22:17-21

떡을 가져다가 모든 사람 앞에서 하나님께 축사하고 떼어 먹기를 시작하매 그들도 다 안심하고 받아 먹으니 배에 있는 우리의 수는 전부 이백 칠십육 명이더라 행 27:35-37

보블리오의 부친이 열병과 이질에 걸려 누워있거늘 바울이 들어가서 기도하고 그에게 안수하여 낫게 하매 행 28:8

바울은 기도로 사역을 준비했고, 기도로 사역했다. 하나님께서 사역을 맡기신 자들은 누구나 기도로 준비했다. 모세는 광야에서 40년 동안 기도로 준비했고, 다윗은 왕으로 쓰임 받기 전 약 13년 동안 기도로 준비했다(시 4:1, 8; 5:2, 3; 6:9; 17:1). 예수께서도 공생애를 시작하시기 전 광야에서 40일 동안 금식하며 기도하셨다. 한 사람도 예외 없이 모두 기도로 사역을 준비했고, 기도로 사역에 임했다.

02_바울은 다메섹에서 제자훈련 전도법을 배웠다

혹자는 신약 성경의 서신서와 요한계시록에는 '제자'와 '제자 삼다'가 등장하지 않기 때문에 바울은 제자훈련을 하지 않았다고 주장한다. 그러나 이러한 주장은 타당하지 않다. 신약 성경의 역사서인 사도행전은 바울이 제자 삼은 흔적을 여러 곳에서 보여준다(행 9:23-25; 11:26; 13:52; 14:20-22, 28; 16:1; 18:23; 19:9-10, 30; 20:1-2; 21:4 등). 또한 성경에는 바울의 동역자가 많이 등장한다. 예를 들어, 바나바, 마가, 실라, 디모데, 디도, 아굴라와 브리스길라, 아볼로, 루디아, 에바브로디도, 순두게와 유오디아, 클레멘트, 야손, 아레오바고 관원 디오누시오, 다마리, 스데바나, 아가이고, 브드나도, 글로에, 더디오, 에라스 등이 있다. 또 골로새 교회의 빌레몬, 오네시모, 에바브라, 가이오, 두기고, 드로비모 등도 동역자들로 언급된다.

물론 이들 중에는 바울의 제자지만 동역자로 부르거나 바울의 제자가 아니지만 동역한 자들도 있다. 예를 들면 바나바는 바울의 제자가 아니다. 그러나 대부분 바울이 전한 복음을 듣고 구원받은 후 가르침을 받아 스승과 제자 관계에서 동역했기에 바울이 제자훈련을 하지 않았다는 주장은 어불성설이다.

혹자는 바울이 신학적 훈련을 받지 않고 갑작스럽게 전도자로 부르심을 받았기 때문에 제자훈련 역시 받지 않았다고 주장한다. 물론 바울은 예수님의 첫 열두 제자도 아니었고 사도들과 그다지 큰 친분도 없다. 오늘날처럼 신학교를 졸업해 목회자가 되었거나, 선교단체에서 훈련받고 파송받은 선교사도 아니다. 그는 단지 다메섹에 그리스도인들이 살고 있다는 정보를 듣고, 그들을 잡으러 가던 중 예수님을 만났고, 예수께서 친히 그에게 사명을 주셨기 때문에 복음 전도자가 되었다. 그렇다고 바울이 전혀 훈련받지 않고 복음을 전한 것은 결코 아니다.

그러면 바울은 복음을 전하기 전 누구로부터 훈련을 받았는가? 누가는 바울이 다메섹에서 예수님을 만난 후 복음을 전하기 전에 전도 훈련을 받은 단서를 제공한다.

> 음식을 먹으매 강건하여지니라 사울이 다메섹에 있는 제자들과 함께 며칠 있을새 즉시로 각 회당에서 예수가 하나님의 아들이심을 전파하니
> 행 9:19-20

누가는 바울은 다메섹에서 주님을 만난 직후 곧바로 복음을 전한 것이 아니고 다메섹에 있는 제자들과 함께 며칠 동안 지낸 다음에 복음을 전파했다고 말한다. 따라서 바울이 제자들과 함께 며칠 지낸 것이 그의 복음 전파에 지대한 영향을 미쳤음을 알 수 있다.

바울은 다메섹의 제자들과 며칠 있는 동안 무엇을 했을까? 이를 알려면 먼저 바울이 다메섹에서 며칠 동안 함께 지낸 제자들이 어떤 자들인지를 알아야 한다. 필자는 'D3전도중심제자훈련' 세미나를 인도할 때 종종 바울이 다메섹에 머칠 있는 동안 함께한 제

자들이 누구인지를 묻는다. 그러면 사람들은 대부분 아나니아라고 답한다. 왜냐고 물으면, 바울이 아나니아의 안수를 통해 성령의 충만을 받고 세례를 받았기 때문이라고 말한다(행 9:17-18).

그러나 사도행전 9장 19절은 '제자'가 아니라 '제자들'이라고 말씀하기 때문에 '제자들'을 아나니아라고 할 수 없다. 물론 바울이 다메섹에서 제자들과 며칠 있을 때 그 자리에 아나니아도 함께했을 것이다. 왜냐하면 아나니아가 바울에게 장차 그가 해야 할 일을 전달했으므로 이를 잘할 수 있도록 훈련하는 일을 주도했다고 생각하는 것이 합리적이기 때문이다.

바울과 며칠 동안 함께 지낸 제자들은 구체적으로 어떤 자들인가? 크게 두 가지로 생각할 수 있다. 첫째는, 오순절에 예루살렘에 왔다가 복음을 듣고 구원받은 후 돌아간 자들이라고 볼 수 있다. 둘째는, 예루살렘 교회에 큰 박해가 일어났을 때 사도 외에 모든 사람이 유대와 사마리아 모든 땅으로 흩어져서 복음을 전했는데, 이때 다메섹까지 와서 복음을 전하다가 거주한 자로 볼 수 있다(행 8:1).

먼저 전자의 경우를 생각해 보자. 당시 오순절에 예루살렘에 온 15개국 목록 가운데 다메섹이 없기에, 제자들이 오순절에 예루살렘에 와서 복음을 듣고 구원받은 자로 보는 것은 어렵다. 물론 당시 다메섹과 이스라엘이 같은 언어를 사용했기 때문에 다메섹은 15개국 목록에서 삭제되었을 수도 있다. 그러나 혹 그들이 오순절에 예루살렘에 와서 복음을 듣고 구원받은 자라고 하더라도 복음을 전하도록 훈련받지 않았기 때문에 그들을 며칠 바울과 함께한 제자들이라고 보기는 어렵다.

다음은 후자의 경우를 생각해 보자. 스데반의 순교로 인한 박해로 말미암아 예루살렘에서 다메섹으로 온 자들은 어떤 자들인가? 그들은 예루살렘 교회에서 사도들로부터 날마다 예수는 그리스도라고 가르치고 전하도록 훈련을 받은 자들이다(행 5:42). 그러므로 그들은 바울에게도 예수는 그리스도라고 가르치고 전하는 법을 전수했을 것이고, 그 결과 바울은 곧바로 예수는 그리스도라고 증언할 수 있었다(행 9:22).

그런데 바울이 다메섹의 제자들로부터 예수는 그리스도라고 가르치고 전도하도록 훈련받은 것이 무슨 의미인지를 알아야 한다. 이는 곧 예수께서 하신 것처럼, 제자훈련을 통해 복음을 전하도록 훈련받았다는 의미다. 따라서 바울이 다메섹에서 주님을 만난 후 훈련 없이 복음을 전한 것이 아니라 제자들로부터 제자훈련을 받고서 복음을 전한 것으로 보는 것이 합리적이다. 필자는 이렇게 제자를 삼아 복음을 전하는 것을 '제자훈련 전도법'이라고 부른다.

예수께서 제자들을 훈련하신 내용은 크게 세 가지, 즉 가르침, 전파, 치유이다. "예수께서 온 갈릴리에 두루 다니사 그들의 회당에서 가르치시며 천국 복음을 전파하시며 백성 중에 모든 병과 모든 약한 것을 고치시니"(마 4:23; 9:35 참조).

그런데 사도들이 예루살렘 교회에서 성도들을 훈련한 과목은 두 가지다. "그들이 날마다 성전에 있든지 집에 있든지 예수는 그리스도라고 가르치기와 전도하기를 그치지 아니하니라"(행 5:42). 즉 사도들은 성도들이 복음을 가르치고 전하도록 훈련했다. 그리고 다메섹 교회의 제자들이 바울을 훈련한 내용도 동일하다.

여기서 예수께서 제자훈련을 하신 것과 사도들, 그리고 그의 제자들이 제자훈련을 한 것에 차이가 있음을 발견할 수 있다. 예수께서는 세 가지 사역, 즉 가르침과 전파, 치유 사역을 훈련하셨지만, 사도들과 그의 제자들은 이 중 치유 사역은 따로 훈련하지 않았다는 것이다.

그런데 왜 필자는 다메섹의 제자들이 바울을 훈련한 것을 '제자훈련 전도법'이라고 하는가? 이는 사도들이 성도들에게 예수는 그리스도라고 가르치고 전하는 것을 훈련하자, 훈련받은 이들이 나가서 복음을 전하고 가르칠 때 치유가 따랐기 때문이다(막 16:20). 바울도 복음을 전하고 가르칠 때 치유가 따랐기 때문에 바울의 전도법은 제자훈련 전도법이다.

03_제자훈련은 가장 효과적인 전도법이다

어느 날 새벽기도를 하던 중 갑자기 이런 의문이 생겼다.
'예수께서 복음이 땅끝까지 증거되어야 다시 오신다고 하셨는데, 가장 효과적으로 복음을 전파하는 방법을 아시지 않을까?'
당연히 예수께서 이를 아신다는 생각이 들어 사복음서에서 이를 샅샅이 살피며 기도하던 중 또 다른 의문이 들었다.
'예수께서 우리의 죄를 대속하시기 위해 오셨는데, 곧바로 십자가에 못 박혀 죽지 않으시고, 먼저 3년간 제자들을 훈련하시며 구속 사역을 완성하신 후 마지막으로 제자 삼으라고 명령하신 이유는 무엇일까?'

이런 의문을 품고 성경을 읽던 중 다음의 두 구절을 통해 해답의 실마리를 얻게 되었다.

> 이르시되 우리가 다른 가까운 마을들로 가자 거기서도 전도하리니 내가 이를 위하여 왔노라 하시고 막 1:38
> 인자가 온 것은 섬김을 받으려 함이 아니라 도리어 섬기려 하고 자기 목숨을 많은 사람의 대속물로 주려 함이니라 막 10:45

그런데 두 구절은 서로 다른 목적을 말한다. 하나는 예수께서 전도하시기 위해, 다른 하나는 우리의 죄를 대속하시기 위해 오셨다고 말한다. 이 두 구절을 통해 전도와 예수님의 구속 사역은 불가분의 관계임을 알 수 있다. 즉, 전도는 예수께서 우리의 죄를 대속하시기 위해 십자가에 못 박혀 죽으신 구속 사역을 증언하는 것이다.

그런데 예수께서 구속 사역을 완성하시기 전에 3년 반 동안 제자들을 훈련하시고, 마지막으로 제자 삼으라고 당부하신 이유는, 제자 삼는 방식이 복음을 가장 효과적으로 전파하는 방법임을 아셨기 때문이다.

혼자서 전도하는 것과 다른 사람을 훈련하여 함께 전도하는 것은, 효과적인 면에서 보면 비교할 수 없다. 예를 들어, A는 혼자 전도하고 B는 제자훈련을 통해 훈련받은 자와 함께 전도한다고 하자. A는 1년 후 두 명이 되고, 2년 후 세 명이 되고, 3년 후 네 명이 되고, 4년 후 다섯 명이 되고, 5년 후 여섯 명이 되고, 10년 후에는 열한 명이 된다. 그러나 B는 1년 후 두 명, 2년 후 네 명, 3년 후 여덟 명, 4년 후 열여섯 명, 5년 후 서른두 명, 10년 후에는 천 이십사 명이나 된다.

A는 단순히 한 사람씩 늘어나지만, B는 배가 방식으로 증가한다. 출발은 같아도 10년이 지나면 제자훈련을 통한 전도가 혼자 전도하는 것보다 100배 이상의 열매를 맺게 된다. 그래서 예수께서 공생애 동안 제자들을 훈련하신 것이고, 구속 사역을 완성하신 후에 마지막으로 제자 삼으라고 당부하신 것이다.

제자훈련은 예수께서 친히 가르쳐 주신 가장 효과적인 전도법이다. 제자훈련보다 복음을 더 빠르고 효과적으로 전파하는 방법은 없다. 복음만이 아니다. 사상이나 이념도 빠르게 확산시키기 위해서 이 방법을 사용한다.

앞서 살펴보았듯이 바울은 AD 33~34년경에 회심하여 AD 67년경 순교했으며, 약 30여 년 동안 복음을 전했다. 그런데 이렇게 짧은 기간에 땅끝까지 이르러 교회를 개척할 수 있었던 이유는 무엇인가? 그가 제자훈련으로 복음을 전했기 때문이다.

바울이 다메섹에서 유대인들로부터 죽임당할 위기에 처했을 때 누가 그를 살려주었는가? '그의 제자들'이었다(행 9:25). 어떻게 바울은 다메섹에서 단기간에 제자를 만들 수 있었을까? 다메섹에서 '여러 날' 머무는 동안 그들에게 복음을 전하도록 제자훈련을 했기 때문이다. 즉 바울이 거듭난 후 다메섹 교회의 제자들과 며칠간 함께 있을 때 그들에게 훈련받은 방법으로 또 다른 사람들을 훈련하여 제자 삼았기 때문이다.

바울은 데살로니가에서 유대인들이 큰 소동을 일으키는 바람에, 교회를 개척한 지 불과 3주 만에 그곳을 황급히 떠날 수밖에 없었다. 그런데 데살로니가교회가 마게도냐와 아가야에 있는 모든 믿는 자의 본이 되었고 하나님을 향한 그들의 믿음의 소문이 각처에 퍼질 수 있었던 이유는 무엇인가? 바울이 단기간에 제자를 만들어 복음을 전하여 교회를 개척하고 하나님의 나라를 확장하였기 때문이다. 즉 제자훈련으로 복음을 전했기 때문이다.

그런데 오늘날 교회는 어떤 방식으로 복음을 전하고 있는가? 주님께서 가르쳐 주신 제자훈련이 아니라, 열심 있는 소수에 의존하거나 다른 방식으로 전도하는 경우가 많다. 그리고 심지어 이 세상의 마케팅 기법을 차용하여 전하고 있다.

그 결과 어떤 현상이 빚어지고 있는가? 복음이 빠르게 확산되지 않으니 교회는 점점 침체되고, 세상의 빛과 소금으로서의 사명을 제대로 감당하지 못하고 있다. 반면에 이단들은 제자훈련으로 교세를 확장하고, 다단계 회사들은 제자훈련으로 막대한 부를 축적하고 있다.

이제 이단과 다단계 회사에 빼앗긴 제자훈련을 회복해, 가장 효과적인 방법으로 복음을 증거함으로 교회의 진정한 부흥을 이루어야 한다. 여기서 '진정한 부흥'이란 단지 교인의 수가 증가하는 것이 아니라 그리스도의 제자답게 살아가는 이들이 증가하는 것이다.

그런데 이렇게 되려면 반드시 해결해야 할 과제가 있다.

첫째, 제자훈련에 대한 고정관념을 바꿔야 한다. 일반적으로 제자훈련을 신앙 인격을 성숙하게 하거나 믿음을 성장시키는 성경 공부의 일종으로 이해하는 경향이 짙다. 물론 제자훈련도 기본적으로 이를 추구하지만, 제자훈련이 우선적으로 지향하는 것은 전도제자, 곧 복음을 전하고 가르칠 수 있는 제자를 세우는 것이다.

전도제자를 세우지 못한다면, 그것은 제자훈련이 아니라 단지 성경 공부에 그치는 것이다. 필자가 2007년부터 2013년까지 제자훈련 시스템 이름을 'D3양육시스템'으로 부르다가 2014년부터 'D3전도중심제자훈련'으로 개명한 것은, D3는 전도하는 제자를 만들기 위해 제자훈련을 한다는 것을 공개적으로 천명한 것이다.

둘째, 제자훈련을 프로그램이 아니라 신앙생활이나 목회의 본질로 생각해야 한다. 프로그램은 상황에 따라 바꿀 수 있지만 본질은 바꿀 수 없다. 제자훈련을 신앙생활이나 목회의 본질로 이해하면 어떤 상황에서도 제자 삼아 복음을 전할 수 있다. 그러나 본질로 생각하지 않으면 어려운 일이 생기거나, 제자훈련을 해도 교회가 부흥되지 않으면 포기하게 된다. 대부분의 그리스도인과 교회들이 제자 삼으라는 주님의 명령에 순종하지 못하는 주된 이유가 여기에 있다.

예수께서 마지막으로 제자 삼으라고 명령하셨기에, 제자훈련은 선택이 아닌 필수다. 다른 명령보다도 지상명령에는 반드시 순종해야 한다. 예수께서 명령하신 대로 복음을 전하지 않고 다른 방법으로 전하는 것은 온당치 않다.

04_바울은 아라비아에서 얼마 동안 무엇을 했는가?

신학자나 목회자 대부분은 바울이 다메섹 도상에서 부활하신 예수님을 만난 후 아라비아에서 3년 동안 머물렀다고 주장한다. 이는 갈라디아서 1장 17-18절 말씀에 근거한 것이다. "또 나보다 먼저 사도 된 자들을 만나려고 예루살렘으로 가지 아니하고 아라비아로 갔다가 다시 다메섹으로 돌아갔노라. 그 후 삼 년 만에 내가 게바를 방문하려고 예루살렘에 올라가서 …."

나 역시 몇 해 전까지만 해도 그들의 주장을 그대로 받아들였고 이후에도 아무런 의심을 하지 않았다. 그런데 제1차 'D3국제워크샵'(뷔르키예, 2021년) 강의를 준비하면서 갈라디아서 1장 17-18절을 주의 깊게 살펴보던 중, 바울이 아라비아에서 3년 동안 있었다는 주장에 의문이 들기 시작했다.

왜냐하면 성경은 바울이 아라비아에 갔다가 다시 다메섹으로 돌아가서 곧바로 예루살렘에 갔다고 말하지 않고, 그 후 3년이 지나서야 예루살렘으로 갔다고 말씀하기 때문이다. 즉, 성경 어디에도 바울이 아라비아에서 3년 동안 머물렀다고 명확하게 기록되어 있지 않다.

일반적으로 학자들이 바울이 3년 동안 아라비아에 있었다고 주장하는 것은 당시 다메섹이 아라비아에 포함되어 있었다는 것에 근거한다. 즉 고대에는 아라비아라는 명칭이 오늘날의 아라비아반도 외에도, 당시 북부 시리아와 요르단 지역을 포함하는 더 넓은 의미로 사용되었기 때문이다.

그러나 당시 다메섹이 아라비아에 포함되어 있었다는 이유만으로 바울이 아라비아에서 3년을 보냈다고 단정해서는 안 된다. 왜냐하면 성경은 바울이 아라비아와 다메섹에서 3년 있다가 예루살렘에 올라갔다고 말하지 않고, 아라비아로 갔다가 다시 다메섹으로 돌아갔다가 그 뒤 3년 만에 게바를 방문하려고 예루살렘에 올라갔다고 말씀하기 때문이다(갈 1:17-18). 즉, 바울은 아라비아로 갔다가 다메섹으로 돌아간 후, 3년이 지나서야 예루살렘에 올라간 것이다.

바울이 아라비아에 얼마나 머물렀는지는 성경에 명확히 언급되어 있지 않으며, 다메섹으로 돌아간 후 3년이 지나 예루살렘을 방문했다는 사실만 분명하다. 따라서 당시 다메섹이 아라비아에 포함되어 있었다는 이유만으로, 바울이 아라비아에서 3년을 보냈다고 주장하는 것은 성경적 근거가 부족하다고 본다.

이제 바울이 간 아라비아가 어디인지를 알아보자. 일반적으로 갈라디아서 1장 16-17절과 갈라디아서 4장 24-25절에 근거해 바울이 간 아라비아는 시내산과 관련된 곳이며 그곳에서 3년 동안 준비한 후 사역을 시작했다고 주장한다.

> 그의 아들을 이방에 전하기 위하여 그를 내 속에 나타내시기를 기뻐하셨을 때에 내가 곧 혈육과 의논하지 아니하고 또 나보다 먼저 사도 된

> 자들을 만나려고 예루살렘으로 가지 아니하고 아라비아로 갔다가 다시 다메섹으로 돌아갔노라 갈 1:16-17
>
> 이 하갈은 아라비아에 있는 시내 산으로서 지금 있는 예루살렘과 같은 곳이니 그가 그 자녀들과 더불어 종 노릇하고 갈 4:25

그런데 바울이 간 아라비아는 우리가 일반적으로 알고 있는 아라비아 사막이 아니다. 김세윤, F.F. 브루스, 리처드 롱게네커 등은 바울이 간 아라비아가 시내 반도에 있는 아라비아 광야가 아니라, 아라비아의 '나바테아'(Nabatea) 왕국을 가리킨다고 주장한다.

이는 당시 나바테아 왕국이 다메섹 동남부에서 시내 반도에 이르는 넓은 지역을 통치했고, 유대 역사가 요세푸스도 나바테아를 아라비아로 언급했으며, 로마 시대에도 '아라비아의 나바테아'로 알려졌다는 점에서 설득력이 있다.

그러면 바울은 소위 아라비아라는 곳에서 무엇을 했을까? 이는 바울이 회심한 뒤 곧바로 간 곳이 시내 반도의 아라비아인지 아니면 아라비아의 나바테아 왕국이냐에 따라 전혀 다른 결론에 도달한다. 만일 전자라면 그곳은 사막이므로 주로 기도하고 말씀을 묵상하는 훈련을 했다고 할 수 있다. 왜냐하면 광야와 사막에서는 기도하고 성경을 읽으며 묵상하는 것 외에는 따로 할 일이 거의 없기 때문이다. 반면에 후자라면 그는 복음을 전했을 가능성이 크다고 보는 것이 타당하다.

나는 후자에 동의하며, 그 이유는 다음과 같다.

첫째로, 누가는 바울이 거듭나자마자 복음을 전했다고 증언하기 때문이다. 사도행전 9장 19-20절은 이렇게 말씀한다. "사울이 다메섹에 있는 제자들과 함께 며칠 있을새 즉시로 각 회당에서 예수의 하나님의 아들이심을 전파하니."

바울은 예수께서 그리스도이심을 깨닫자 곧바로 복음을 전했다. 그는 예수를 거짓 메시아로 오해해 그리스도인들을 핍박했으나, 다메섹 도상에서 예수가 참된 메시아이심을 깨달았기 때문이다. 게다가 온 유대민족이 그토록 대망하는 메시아를 만났는데, 어찌 즉시 전하지 않을 수 있겠는가?

필자는 예수 그리스도를 믿기 전, 복음을 전하는 이들과 자주 논쟁을 벌였다. 특히 지금도 오정현 목사님(사랑의교회 담임)과 심하게 다투었던 기억이 생생하다. 그와 함께 자취하던 중 하루는 그가 나에게 예수를 믿으라고 전도했다. 당시 그의 말을 듣고서 화가 났었다.

왜냐하면 그의 말 중에서 특히 두 가지가 크게 거슬렸기 때문이다. 하나는 예수께서 처녀의 몸에서 나왔다고 했기 때문이다. 어떻게 처녀가 아이를 낳을 수 있느냐는 것이었다. 다른 하나는 예수께서 나의 죄를 대신하여 십자가에 못 박혀 죽으시고 3일 만에 다시 살아나셨다고 했기 때문이다. 나는 스스로 죄인이라고 생각하지 않았기에, 그런 말을 듣고 화가 날 수밖에 없었던 것이다.

수개월 후 고(故) 김대기 장로님의 초청으로 3일 금식 기도와 저녁 기도회에 참석했고, 성령께서 강하게 임하셔서 철저히 회개하고 거듭나는 은혜를 체험했다. 그 기쁨은 이루 말할 수 없을 만큼 컸다.

당시 나는 예수님에 대해 아는 것이 거의 없었다. 그런데 곧바로 만나는 사람들에게 예수님을 믿으라고 전했다. 버스를 타든, 기차를 타든 누구를 만나도 복음을 전했다. 어떤 경우는 복음을 전하다가 방언이 터져 나올 때도 있었다. 하물며 바울이 예수를 거짓 메시아로 믿다가 참된 메시아이심을 깨달았는데, 3년 동안 사막에 머물며 기도와 묵상만 했다는 해석은 쉽게 납득하기 어렵다.

둘째로, 바울이 다메섹에서 거듭난 후 곧바로 복음을 전하다가 핍박을 받았다고 말하는 사도행전 9장 23-25절과 바울이 다메섹에서 복음을 전하다가 핍박받았다고 말하는 고린도후서 11장 32-33절이 매우 흡사하기 때문이다. 먼저 누가의 기록을 살펴보자. "여러 날이 지나매 유대인들이 사울 죽이기를 공모하더니 그 계교가 사울에게 알려지니라 그들이 그를 죽이려고 밤낮으로 성문까지 지키거늘 그의 제자들이 밤에 사울을 광주리에 담아 성벽에서 달아내리니라"(행 9:23-25). 다음은 바울의 말을 들어보자. "다메섹에서 아레다 왕의 고관이 나를 잡으려고 다메섹 성을 지켰으나 나는 광주리를 타고 들창문으로 성벽을 내려가 그 손에서 벗어났노라"(고후 11:32-33).

두 사람 모두 바울이 다메섹에서 복음을 전했다고 말하며, 바울(사울)이 광주리를 타고 성벽을 내려가 탈출했다고 기록하고 있다. 물론 다른 점도 있다. 사도행전에서는 유대인들이 사울(바울) 죽이기를 공모했다고 말하지만, 고린도후서에서는 아레다 왕의 고관이 바울(사울)을 잡으려 했다고 말한다.

그러나 이러한 차이는 서로 모순되지 않고 충분히 조화될 수 있다. 바울이 아라비아(나바테아 왕국)에서 다년간 복음을 전하자, 유대인들뿐 아니라 나바테아 사람들도 그를 대적하고 죽이려 했기 때문이다. 참고로 고린도후서에 등장하는 '아레다' 왕은 주전 9년부터 주후 40년까지 나바테아 왕국을 통치한 아레다 4세다.

만일 바울이 시내 반도의 아라비아 사막에서 기도하고 말씀 묵상에 몰두하고 있었다면 이런 반대에 직면하지 않았을 것이다. 물론 바울이 복음만 전한 것은 아닐 것이다. 그는 기도와 말씀 묵상을 병행하며 복음에 대한 이해와 확신을 더 깊이 다졌을 것이다.

그런데 바울이 거듭나자마자 즉시 복음을 전했다고 해서 우리도 전혀 준비하지 않고 복음을 전해도 된다고 주장하면 안 된다. 바울은 예외적인 경우다. 그는 가말리엘 문하에서 철저히 훈련받으며 구약과 유대교 전통에 능통했다. 그가 몰랐던 것은 오직 한 가지, 예수께서 자기의 죄를 대신하여 죽으시고 부활하신 구원자라는 것이다. 이미 바울은 복음 전도자로 충분히 준비된 사람이었다. 무엇보다도 그는 제자들과 며칠 동안 함께 지내며 제자훈련 전도법을 익혔기 때문에, 즉시 예수가 그리스도이심을 전파하며 가정교회를 세우고 하나님의 나라를 확장할 수 있었다.

PART
3

바울은 복음을 어떻게 이해했는가?

PART 3

01_바울이 전한 복음은 예수님의 복음과 달랐는가?
02_바울은 복음을 이렇게 이해했다
03_바울 시대에만 '다른 복음'이 있는 것은 아니다

바울은 **복음**을
어떻게 이해했는가?

01_바울이 전한 복음은 예수님의 복음과 달랐는가?

혹자는 예수께서 유대인들에게 전한 복음과 바울이 이방인들에게 전한 복음이 다르다고 주장한다. 곧, 두 가지 복음이 있다고 말한다. 바울이 '복음'이라고 하지 않고 로마서에서 '나의 복음'이라 표현한 것은, 바로 이를 뒷받침한다고 주장한다.

과연 그럴까? 바울이 말한 '나의 복음'은 예수의 복음과 또 다른 복음을 뜻하는 것이 아니라, 바울이 전한 복음을 뜻한다. 즉 바울이 전한 복음은 곧 그리스도의 복음이며, 이는 예수께서 선포하신 하나님 나라의 복음과 같다. 복음은 오직 하나이며, 예수께서 선포하신 복음 외에 다른 복음은 없다.

예수께서는 공생애 기간 내내 하나님 나라의 좋은 소식을 전파하셨다. 즉 예수께서 선포하신 것은 하나님 나라의 복음이다.

> 이르시되 때가 찼고 하나님의 나라가 가까이 왔으니 회개하고 복음을 믿으라 하시더라 막 1:15
> 그러나 내가 하나님의 성령을 힘입어 귀신을 쫓아내는 것이면 하나님의 나라가 이미 너희에게 임하였느니라 마 12:28
> 이 천국 복음이 모든 민족에게 증언되기 위하여 온 세상에 전파되리니 그제야 끝이 오리라 마 24:14
> 예수께서 이르시되 내가 다른 동네들에서도 하나님의 나라 복음을 전하여야 하리니 나는 이 일을 위해 보내심을 받았노라 하시고 눅 4:43

또 여기 있다 저기 있다고도 못하리니 하나님의 나라는 너희 안에 있느니라 눅 17:21

예수께서는 제자들이 하나님 나라를 이해할 수 있도록 다양한 비유로 설명하셨다. '자라나는 씨 비유'(막 4:26), '겨자씨 비유'(막 4:30-32), '밭에 감추인 보화 비유'(마 13:44), '좋은 진주를 구하는 장사 비유'(마 13:45), '각종 물고기를 모으는 그물 비유'(마 13:47-48), '겨자씨와 누룩 비유'(눅 13:18-21), '네 가지 땅에 떨어진 씨 비유'(눅 8:4-8) 등으로 계속해서 하나님의 나라를 말씀하셨다. 부활 후 승천하시기 전 이 땅에 계시는 동안에도 하나님의 나라를 말씀하셨다(행 1:3).

바울 역시 예수님처럼 하나님 나라를 전파하였다.

... 우리가 하나님의 나라에 들어가려면 많은 환난을 겪어야 할 것이라 ... 행 14:22

바울이 회당에 들어가 석 달 동안 담대히 하나님 나라에 관하여 강론하며 권면하되 행 19:8

보라 내가 여러분 중에 왕래하며 하나님의 나라를 전파하였으나 ... 행 20:25

그들이 날짜를 정하고 그가 유숙하는 집에 많이 오니 바울이 아침부터 저녁까지 강론하여 하나님의 나라를 증언하고 모세의 율법과 선지자의 말을 가지고 예수에 대하여 권하더라 행 28:23

하나님의 나라를 전파하며 주 예수 그리스도에 관한 모든 것을 담대하
게 거침없이 가르치더라 행 28:31

이처럼 바울은 예수님처럼 '하나님 나라'를 전파했기에 예수께
서 전파하신 복음과 바울이 전한 복음은 정확히 일치한다. 즉 예수
께서 선포하신 복음의 핵심인 '하나님 나라'는 바울이 강조한 예수
님의 십자가와 부활로 도래한 것이므로 바울의 '하나님 나라 복음'
과 일치한다(롬 14:17; 고전 4:20; 6:9-10; 15:24, 50; 갈 5:21; 엡 5:5;
골 1:13; 4:11; 살전 2:12; 살후 1:4-5; 딤후 4:1, 18). 예수께서 전하신
복음과 바울이 전한 복음은 동일하다. 바울은 예수님을 자신의 주
라고 고백하였고 예수께서 전하라고 하신 것을 전했기 때문에 예
수께서 선포하신 복음과 바울이 전한 복음은 동일할 수밖에 없다.

바울은 '복음'이라는 단어를 총 60회 사용했는데, 그 중 '나의'
또는 '우리의'라는 수식어가 붙은 경우는 6회에 불과했다. '나의
복음'은 바울 개인의 복음이라는 뜻이 아니라 그가 전한 복음이라
는 뜻이다. 바울은 아무런 수식어 없이 '복음'을 27회 사용하였다.
이는 바울이 전한 복음이 예루살렘 교회가 선포한 복음과 동일하
다는 뜻이다(행 15:22-30).

또한 바울은 '예수 그리스도의 복음'(막 1:1), '그리스도의 복
음'(롬 15:19), '하나님의 복음'(막 1:4; 살전 2:2)이라고도 표현했는데,
이는 그가 전한 복음과 예수님의 복음이 동일하다는 것을 뜻한다.

그리고 갈라디아 교회에 보낸 편지에서 그가 전한 복음은 사람

에게 받은 것도 아니고 배운 것도 아니고 오직 예수 그리스도의 계시로 말미암았다고 말한 것은 자신의 복음과 예수의 복음이 일치한다는 것을 뜻한다(갈 1:11-12).

바울이 다메섹 도상에서 부활하신 주님을 만난 후 처음으로 예루살렘을 방문해 15일을 머물렀다는 것은, 그가 전한 복음이 기존 교회와 일치하는지 확인하기 위함이었다. 즉, 예루살렘 교회가 전하는 복음과 바울이 전하는 복음은 전혀 차이가 없었다. 이는 바울이 전한 복음이 예루살렘 교회의 창립자이신 그리스도 예수에게서 직접 계시받은 것이기 때문이다.

바울이 "그리스도의 은혜로 너희를 부르신 이를 이같이 속히 떠나 다른 복음을 따르는 것을 내가 이상하게 여기노라 다른 복음은 없나니 다만 어떤 사람들이 너희를 교란하여 그리스도의 복음을 변하게 하려 함이라"(갈 1:6-7)고 말한 것은 그가 전한 복음은 그리스도의 복음이라는 뜻이다. 바울이 전한 복음, 예루살렘교회가 전한 복음 그리고 예수께서 선포하신 복음은 하나이며 이와 다른 것은 '다른 복음'이다.

복음은 오직 하나뿐이며, 예수께서 선포하신 하나님 나라의 좋은 소식이다. 그리고 이 복음은 마태복음, 마가복음, 누가복음, 요한복음에 기록되어 있다. 은혜의 복음은 하나님 나라의 복음이고, 바울은 하나님 나라의 복음을 전했으므로 바울이 전한 복음과 예수께서 선포하신 복음은 동일한 것이다.

02_바울은 복음을 이렇게 이해했다

바울의 복음 이해를 논하기에 앞서 먼저 '복음'에 대해 살펴보자. 복음은 헬라어로 '유앙겔리온'(εὐαγγέλιον)인데, 영어 성경에서는 'good news'(기쁜 소식) 또는 'gospel'로, 한글 성경에서는 '복된 소리'라는 뜻의 '복음'(福音)으로 번역하였다.

'유앙겔리온'(εὐαγγέλιον)은 성경이 기록되기 전부터 로마 제국에서 사용하던 용어다. 즉 고대 로마 시대에는 전쟁에 승리한 후 그 전령이 전해주는 승전 소식을 '유앙겔리온'이라고 했다. 예를 들어 황제의 출생, 생일, 즉위식, 정치적·군사적 승전보 등 모든 좋은 소식이 '유앙겔리온'이라고 불렸다.

신약 성경 기자들은 로마 제국이 사용하던 '유앙겔리온'을 차용하여 예수 그리스도의 탄생과 구원을 '기쁜 소식'으로 기록하여 선포했다. 즉 신약 성경에서 '유앙겔리온'은 '기쁨과 승리의 소식'으로 사용되었다.

그런데 바울은 복음을 매우 다양하게 표현한다. '그리스도의 복음'(롬 15:19; 고전 9:12; 고후 2:12; 9:13; 10:14; 갈 1:7; 빌 1:27; 살전 3:2; 막 1:1 참조), '하나님의 복음'(롬 1:1; 15:16; 고후 11:7; 살전 2:2, 8, 9; 막 1:14과 벧전 4:17 참조), '구원의 복음'(엡 1:13), '평안의 복음'(엡 6:15), '하나님의 영광의 복음'(딤전 1:11) 등으로 표현했다.

그러면 바울은 어떻게 복음을 이해하게 되었는가? 이 글에서는 필자가 바울 신학의 세계적인 권위자인 김세윤 박사의 문하생인 만큼, 그분의 견해를 간략히 소개한다. 김세윤 박사는 그의 박사학위 논문인 《바울 복음의 기원》(The Origin of Paul's Gospel)에서 다음과 같이 주장한다.

"바울 복음은 바울 개인의 사상이나 경험에서 비롯된 것이 아니라, 부활하시고 높임 받으신 그리스도께서 직접 나타나셔서 바울에게 복음의 내용과 사도의 소명을 부여하신 사건에서 출발한다."

김세윤 박사는 이렇게 바울 복음의 기원을 다메섹 도상에서 바울이 직접 경험한 예수 그리스도의 계시에 두는 자신의 입장을 확고히 하면서, 이를 다르게 이해하는 학자들의 견해를 비판적으로 분석한다.

첫째로, 바울의 회심을 '심리학적 변화'로 보는 견해에 대해서는 이렇게 비판한다. 그는 이 해석이 바울이 직접 증언한 외적인 계시 사건의 본질을 간과한다고 본다. 즉 바울은 분명히 부활하신 예수 그리스도께서 자신에게 직접 나타나셨고, 이로 인해 이방인의 사도로 소명 받았다고 말하기 때문에 이는 단순한 내면 변화가 아니라, 하나님의 초월적이고 주권적인 개입이라는 것이다.

둘째로, 바울의 복음이 '초대교회 공동체의 전승'에서 기원한다고 보는 견해를 이렇게 비판한다. 물론 김세윤 박사도 바울이 다메섹 사건 이후 초대교회의 전승이나 구약 성경 연구를 통해 자신의 복음과 신학을 더욱 성숙시키고 발전시켰음을 인정한다. 그러나 바울이 갈라디아서 1장에서 "이는 내가 사람에게서 받은 것도 아니요 배운 것도 아니요 오직 예수 그리스도의 계시로 말미암은 것이라"(갈 1:12)고 분명히 말한 점을 강조하며 이 견해에 반박한다.

셋째로, 바울의 복음이 '유대교의 배경'에서 자연스럽게 발전했다고 보는 견해를 이렇게 비판한다. '바울에 대한 새 관점'(New Perspective on Paul) 학자들, 특히 제임스 던(James D.G. Dunn), 샌더스(E.P. Sanders), 톰 라이트(N.T. Wright) 등은 바울의 복음을 유대교의 언약적 율법주의 맥락에서 재해석하면서, 바울의 회심을 유대교에서 기독교로의 단절적 전환이라기보다는 유대교 내부의 어떤 발전적 연속성 속에서 이해한다. 그래서 이들은 바울의 '율법의 행위'를 유대인의 민족적 정체성을 드러내는 표지(할례, 음식 규정, 안식일 등)로 해석한다.

그러나 김 박사는 바울에게 다메섹 사건은 단순한 이방인 선교 소명 사건을 넘어, 칭의 복음의 근원적 계시가 주어졌고, 이것이 기존 유대교적 이해를 뛰어넘는 새로운 구원론을 형성하게 했다고 강조하며 이들의 주장을 비판한다.

그러면 바울이 이해한 복음의 핵심적인 내용은 무엇인가? 이를 정확히 알면 복음에 합당한 삶을 살아갈 수 있다.

첫째로, 바울은 복음을 예수님의 죽음과 부활로 요약한다(롬 1:1-4; 고전 2:2; 15:3-5; 갈 6:14). 즉 바울에게 복음은 전적으로 예수 그리스도와 관련되어 있다. 바울에게 예수 그리스도의 십자가 죽음은 인류의 죄를 대속하는 하나님의 궁극적인 희생이며, 부활은 그 희생이 성공적이었음을 증명하는 동시에 새로운 생명과 하나님 나라의 도래를 선언하는 사건이다. 한마디로, 기독교 복음의 내용은 '예수께서 우리의 죄를 대속하기 위해 죽으시고 다시 살아나셨다'는 것이다. 복음의 주체는 하나님이신 예수 그리스도이며, 그의 죽음은 인류의 죄 문제를 해결하기 위한 대속의 죽음이고, 그의 부활은 이를 증명한다. 그리고 복음을 믿는 자는 하나님 나라의 백성이 된다.

여기서 왜 예수께서 우리의 죄를 대신하여 십자가에 못 박혀 죽으시고 부활하신 것을 복음이라고 하는지를 알아야 한다. 아담의 후손인 모든 인간은 죄인이므로 한 번은 반드시 죽어야 하고, 죽은 후에는 지옥에 던져져 영원히 고통을 당해야 하는 운명에 놓였다. 이런 운명에서 벗어나려면 죄 문제를 해결해야 한다. 그러나 모든 사람은 태어나면서부터 죄인이기에 스스로 이 문제를 해결할 수 없다. 이는 마치 아무리 호랑이를 사람 집에서 키워도 사람이 될 수 없고, 아무리 남장을 해도 남자가 될 수 없듯이, 인간은 선행만으로는 의인이 될 수 없기 때문이다.

그런데 하나님께서 우리를 사랑하셔서 친히 이 땅에 인간의 몸으로 오셔서 우리의 죄를 대속하시기 위해 십자가에 못 박혀 죽으시고 부활하신 것이다. 따라서 예수께서 우리의 죄를 대신해 십자가에 못 박혀 죽으시고 부활하신 사실, 곧 복음을 믿으면 구원받을 수 있기 때문에 이를 복음이라 부르는 것이다.

둘째로, 복음을 하나님의 약속의 성취로 이해했다. 바울은 그리스도 안에서의 구원이 성경대로 이루어진 것임을 강조한다. 즉 바울은 새롭게 발견한 믿음을 아브라함의 믿음의 성취로 보았고, 예수님을 이스라엘을 위한 그리고 이스라엘을 통한 하나님의 목적들의 최종 종착점이자 절정으로 여겼다. 바울은 예수님 안에 있는 구원의 복음을 하나님의 약속이 성취된 것으로 보았다. 나아가 예수님 안에서 전혀 새로운 구원의 질서가 도래했다고 이해했다(고후 5:17; 갈 6:15).

셋째로, 바울은 복음이 유대인과 이방인에게 동일하게 적용될 뿐만 아니라 우주적임을 강조했다(롬 1:16; 갈 3:28; 골 1:15-20; 롬 8:22). 이는 당시 유대인들이 가지고 있던 선민의식을 깨뜨리고 복음이 모든 민족에게 열려 있음을 선언하는 파격적인 내용이었다. 바울이 이해한 복음은 단지 개인의 축복, 치유, 구원에만 국한되는 것이 아니다. 그는 예수 그리스도의 죽음과 부활이 우주적인 의미를 지닌다고 보았다. 궁극적으로는 모든 피조물과 이 세상의 악한 세력이 그리스도의 주권 아래 복종하게 될 것이라고 믿었다. 그는 고통받는 전 우주를 회복시키기 위한 하나님의 개입과 통치 자체를 복음으로 이해했다.

넷째로, 바울은 복음이 성령의 능력으로 삶 가운데 역사한다고 믿었다. 성령은 믿는 자들에게 내주하여 그들을 거룩하게 하고, 하나님의 뜻대로 살아갈 수 있도록 인도하며 그리스도의 형상을 닮아가게 한다. 따라서 믿음으로 의롭다 함을 받은 성도는 은혜에 대한 반응으로 사랑과 선한 삶을 살게 된다. 바울은 믿음이 행위를 배제하는 것이 아니라, 오히려 사랑으로 역사하는 믿음을 강조한다(갈 5:6). 이는 복음이 단순한 교리가 아니라, 삶의 실제적인 변화와 윤리적 실천으로 이어진다는 점을 보여준다.

다섯째로, 바울은 복음이 유대 묵시 종말론적 배경과 맞닿아 있다고 이해했다. 그는 종말론적인 관점에서 예수 그리스도의 십자가와 부활을 이해했다. 즉, 예수님의 죽음과 부활은 이미 하나님의 승리가 선언된 종말론적 사건이며, 이미 새 시대가 도래한 것으로 이해했다. 예수의 죽음과 부활로 새로운 시대가 도래하였다는 것은, 인간이 새로운 존재로 변화될 수 있는 희망이 열렸다는 뜻이다. 바울은 예수의 죽음과 부활을 통해 인간이 새로운 피조물이 된다고 믿었다.

바울에게 복음은 개인의 구원에 그치지 않고, 온 우주를 회복시키는 하나님의 능력이었다. 바울은 이 복음의 진리를 깨달은 후 평생토록 복음을 전파하기 위해 목숨을 걸었다.

21세기는 지금까지 우리 인류가 경험해 왔던 시대와는 전혀 다른 형태의 세계가 펼쳐질 것이다. 그 변화는 빠르고 복합적일 것이다. 과연 기독교의 복음이 지금까지 해 왔던 것처럼 시대의 변화에 적응하고 시대의 변화를 이끌어 갈 수 있을 것인가 하는 것은 참으로 예견하기 어려운 문제이다.

그러나 바울처럼 복음을 이해하면 얼마든지 낙관적으로 전망할 수 있다. 복음의 핵심은 변하지 않지만, 그 해석은 시대의 요구에 따라 유연하고 민감하게 반응할 필요가 있다. 바울이 시대의 변화를 통찰하며 복음을 전했기에, 그의 메시지는 1세기 사람들의 마음에 깊이 다가갈 수 있었다.

03_바울 시대에만 '다른 복음'이 있는 것은 아니다

바울은 갈라디아 지역에 있는 교회들에 다음과 같이 편지를 보냈다. "그리스도의 은혜로 너희를 부르신 이를 이같이 속히 떠나 다른 복음을 따르는 것을 내가 이상하게 여기노라 다른 복음은 없나니 다만 어떤 사람들이 너희를 교란하여 그리스도의 복음을 변하게 하려 함이라 그러나 우리나 혹은 하늘로부터 온 천사라도 우리가 너희에게 전한 복음 외에 다른 복음을 전하면 저주를 받을지어다"(갈 1:6-8).

바울이 언급한 '다른 복음'의 의미를 이해하려면 먼저 갈라디아가 어느 지역을 가리키는지 살펴볼 필요가 있다. 갈라디아가 가리키는 지역에 대해서는 학계에서 크게 두 가지 설, 북갈라디아 설과 남갈라디아 설이 있다. 어느 설을 취하느냐에 따라 기록 연대와 배경, 그리고 수신자가 달라진다. 전통적으로는 북갈라디아 설을 인정했지만, 오늘날은 남갈라디아 설이 다수설이다. 남갈라디아 설을 취할 경우 갈라디아서는 바울 서신 중 가장 먼저 기록된 책이 될 뿐만 아니라, 신약 성경 전체 중에서도 가장 빠른 시기에 기록된 책이 된다.

바울은 안디옥에서 사역할 당시 유대주의적 그리스도인들이 와서 "너희가 모세의 법대로 할례를 받지 아니하면 능히 구원을 받지 못한다"고 주장하며 교회를 혼란하게 하자, 바나바와 함께 예루살렘 공의회에 참석하였다. 바울은 유대인과 이방인 모두 주 예수 그리스도의 은혜로 구원을 받는다는 것을 주장했고, 예루살렘 공의회의 동의를 얻었다(행 15:1-29).

그 후 바울은 이 원칙을 고수하며 율법이 아닌 주의 은혜로 구원받음을 강조하면서 복음을 전했다. 그러나 몇 년 뒤, 율법과 할례를 지켜야 한다고 주장하는 이들이 갈라디아 교회에 들어와 성도들을 혼란케 하고, 바울이 전한 복음을 왜곡하려 했다.

바울이 이 소식을 접하고 이를 바로잡기 위해 갈라디아 교회에 서신을 보내면서 '다른 복음'이라는 말을 사용한 것이다. 여기서 '다른'은 헬라어 '헤테론'이며, 이는 원형 '헤테로스'에서 파생된 말로, 본질적으로 전혀 다른 성질의 것을 뜻한다(고전 15:40; 고후 11:4). 즉, 바울이 전한 복음은 은혜의 복음인 반면, 거짓 교사들이 전한 복음은 행위의 복음이다. 따라서 바울이 전한 복음과 거짓 교사들이 전한 복음은 전혀 다른 것이다.

일반적으로는 기존 것에 무언가를 더하면 더 나은 결과를 기대할 수 있다. 그래서 새로운 제품이 나오면 기존 것을 버리고 더 비싼 값을 치르고 구매한다. 그러나 복음에 무언가를 더하는 순간, 그것은 더 나은 복음이 아니라, 전혀 다른 복음, 즉 복음이 아닌 것이 된다.

성경은 이렇게 경고한다. "내가 이 두루마리의 예언의 말씀을 듣는 모든 사람에게 증언하노니 만일 누구든지 이것들 외에 더하면 하나님이 이 두루마리에 기록된 재앙들을 그에게 더하실 것이요 만일 누구든지 이 두루마리의 예언의 말씀에서 제하여 버리면 하나님이 이 두루마리에 기록된 생명나무와 및 거룩한 성에 참여함을 제하여 버리시리라"(계 22:18-19).

복음의 핵심은 하나님의 은혜다. 그것에 인간의 행위가 첨가되는 순간 하나님의 은혜는 사라진다. 거짓 교사들이 전한 다른 복음이 가짜였던 것은 하나님의 은혜에 자신의 행위를 첨가했기 때문이다.

여기서 한 가지 주의해야 할 것이 있다. 유대의 거짓 교사들이 예수께서 그리스도이신 것을 부인하거나 전적으로 복음을 반대한 것은 아니라는 것이다. 바울이 전한 복음에 다른 것을 첨가한 것이다. 예수 그리스도의 복음을 믿는 것만으로는 구원을 받을 수 없고, 율법을 지켜야 구원을 받을 수 있다는 것이다.

가톨릭은 기독교의 한 교파이지만, 구원론에 있어서는 우리와 전혀 다른 견해를 가지고 있다. 그들도 예수께서 자신의 죄를 대신하여 십자가에 못 박혀 죽으시고 부활하신 사실을 믿는다. 예수께서 승천하셨고 다시 오실 것을 믿는다. 그런데 그들은 단순히 믿는 것만으로는 구원받을 수 없으며, 선행과 성사(세례, 견진, 성체 등)에 참여해야 구원받을 수 있다고 가르친다. 이는 바울이 전한 '오직 은혜로 얻는 구원'에 선행과 성사를 조건으로 덧붙인 것으로, 결과적으로 '다른 복음'이 된다.

그런데 '다른 복음'은 교회 외부에만 있는 것이 아니다. 교회 내부에도 버젓이 자리하고 있다. 물론 교회 내부에 있는 다른 복음은 엄밀히 말하면 바울이 말한 '다른 복음'과는 결을 달리한다. 외부의 다른 복음은 주로 구원과 관련되어 있고, 내부의 다른 복음은 성화와 관련되어 있다. 교회 내부의 다른 복음은 겉으로는 복음처럼 보이지만, 실상은 그렇지 않은 것이다. 예를 들어, 한국의 기복신앙은 샤머니즘을, 미국의 번영신학은 아메리칸드림을 복음에 덧붙인 형태다. 자신을 주장하거나 방어하기 위해 말씀을 인용하는 것도 비복음이다. 자기의 의를 하나님의 은혜보다 강조하는 것도 비복음이다. 또한 헌신의 정도에 따라 열등감과 우월감을 느끼는 것도 비복음이다.

최근에는 '오직 은혜로 구원받는다'는 전통적인 구원론에 의문을 제기하며, 복음에 행위를 조건으로 삼으려는 주장이 늘고 있다. 즉 복음을 믿을 뿐만 아니라 복음에 합당한 행위가 있어야 구원받을 수 있다는 것이다. 당연히 구원받았다면 복음에 합당한 삶을 살아가야 한다. 그러나 복음에 합당한 삶을 결과로 말하는 것과, 그것을 구원의 조건으로 삼는 것은 전혀 다른 차원이다.

만일 복음에 합당한 삶을 살아야 구원을 받는다고 하자. 어느 정도로 복음에 합당한 삶을 살아야 구원을 받는지에 대한 판단의 기준이 모호하다. 아침에 바뀌고 저녁에 또 바뀌는 것이 우리의 모습이 아닌가? 만일 구원의 조건이 '복음에 합당한 삶'이라면, 그 기준은 모호하고 지키기 어려워, 과연 누가 구원을 받을 수 있겠는가? 그래서 하나님께서 우리에게 복음을 주신 것이고, 이를 믿는 믿음을 보시고 구원하시는 것이다.

하지만 선행을 구원의 조건으로는 생각하지는 않지만, 선행의 중요성을 강조하는 것은 지극히 성경적이다. 이는 율법을 소중히 여기되, 율법주의에 빠지지 않는 태도와 같다.

바울처럼 유연한 태도를 견지하도록 힘써야 한다. 그는 율법 아래 있는 자에게는 율법 아래 있는 자처럼, 율법 밖에 있는 자에게는 율법 밖의 자처럼 행동했다(고전 9:21). 예를 들어, 그는 안식일마다 회당 예배에 참여했지만, 이방인들에게는 안식일 준수를 강요하지 않았다. 또 그는 믿음으로 시장에서 파는 고기를 자유롭게 먹을 수 있다고 말했다. 그러나 그는 믿음이 약한 사람들에게 실족을 시킬 것을 염려하여 평생 고기를 먹지 않겠다고 다짐했다.

어떻게 하면 다른 복음이나 비복음에서 벗어날 수 있는가? 바울이 갈라디아 교회 성도들에게 던진 질문 속에서 이에 대한 답을 발견할 수 있다.

> … 예수 그리스도께서 십자가에 못 박히신 것이 너희 눈 앞에 밝히 보이거늘 누가 너희를 꾀더냐 갈 3:1
>
> 너희가 달음질을 잘하더니 누가 너희를 막아 진리를 순종하지 못하게 하더냐 갈 5:7

바울이 '누가 너희를 꾀더냐', '누가 너희를 막아 진리를 순종하지 못하게 하더냐'라고 말한 것을 통해 우리는 복음의 진리를 따르는 과정에 이를 방해하는 세력이 존재한다는 것을 알 수 있다. 복음을 방해하는 요인은 크게 세 가지로 나눌 수 있다.

첫째로, 마귀의 공격이다. 복음은 모든 믿는 자에게 구원을 주시는 하나님의 능력이므로 마귀의 자녀를 하나님의 자녀가 되게 한다(롬 1:16). 따라서 마귀는 진짜 복음이 증언되지 못하도록 공격한다.

둘째로, 영적 교만이다. 유대 그리스도인들이 이방인이 주님께 돌아오려면 율법을 지켜야 하고 할례를 받아야 한다고 한 것은, 그들 안에 남아 있는 영적 교만 때문이다. 교만은 다른 사람에게 멍에를 씌우고 겸손은 멍에를 벗겨준다(마 11:29).

셋째로, 욕심이다. 욕심은 하나님의 말씀에 순종하지 못하게 한다. "욕심이 잉태한즉 죄를 낳고 죄가 장성한즉 사망을 낳느니라"(약 1:15). 아담이 하나님께서 금하신 선악과를 먹은 것은 뱀의 유혹을 받은 후 욕심이 생겼기 때문이다. 이 세 가지 요인에 주의해야 다른 복음이나 비복음에 빠지지 않을 수 있다.

PART
4

바울은
제자훈련 전도법으로
복음을 전했다

PART 4

01_제자훈련 전도법은 예수님과 초대교회의 전도법이다

02_바울은 세 가지 방법으로 전도제자를 만들었다

03_우리도 제자훈련 전도법으로 복음을 전해야 한다

바울은
제자훈련 전도법으로
복음을 전했다

01_제자훈련 전도법은 예수님과 초대교회의 전도법이다

예수께서 이 세상에 오신 목적은 잃어버린 자를 구원하시기 위함이다. 즉 예수께서는 복음 전파의 사명을 가지고 이 땅에 오셨다. "이르시되 우리가 다른 가까운 마을들로 가자 거기서도 전도하리니 내가 이를 위하여 왔노라 하시고"(막 1:38). 예수께서 이 땅에 전도하러 오셨기에, 그분보다 전도를 더 잘 알고 더 잘할 수 있는 이는 없다. 그러므로 예수께서는 전도에 있어서 최고의 권위자이시다.

그런데 예수께서 어떻게 전도하셨는가? 혼자만 전도하시지 않고 제자들도 전도하도록 훈련하셨다. 이를 '제자훈련 전도법'이라고 한다. 대부분의 그리스도인은 예수께서 제자들을 훈련하셨다는 사실은 알고 있다. 그러나 예수께서 훈련하신 내용, 곧 교과목이 무엇인지 물으면 쉽게 대답하지 못한다. 독자들도 지금 이 질문에 답해 보기 바란다. 아마도 선뜻 대답하지 못할 것이다.

왜 이런 현상이 일어날까? 예수께서는 우리가 일반적으로 생각하는 방식의 제자훈련을 하지 않으셨기 때문이다. 오늘날 우리가 흔히 생각하는 제자훈련은 일종의 성경 공부다. 그런데 예수께서 하신 제자훈련은 단순한 성경 공부가 아니라 제자들도 예수님처럼 전도하도록 훈련하신 것이다.

마태는 예수께서 제자들을 훈련하신 내용을 다음과 같이 소개한다.

예수께서 온 갈릴리에 두루 다니사 그들의 회당에서 가르치시며 천국 복음을 전파하시며 백성 중의 모든 병과 모든 약한 것을 고치시니 마 4:23
예수께서 모든 도시와 마을에 두루 다니사 그들의 회당에서 가르치시며 천국 복음을 전파하시며 모든 병과 모든 약한 것을 고치시니라 마 9:35

예수께서는 세 가지 사역, 곧 회당에서 가르치시고, 천국 복음을 전파하시며, 병자들과 약한 자들을 고치셨다. 이는 그분이 메시아이심을 드러내는 동시에, 제자들이 같은 방식으로 복음을 전하도록 훈련하시기 위함이었다.

여기서 한 가지 질문을 던져야 한다. 예수께서 전도하러 오셨기 때문에 논리적으로 보면 예수님의 세 가지 사역 중 전도가 가장 먼저 언급되어야 논리적으로 자연스럽다. 이런 사실은 지구촌교회 이동원 원로목사님이 필자의 저서인 《왕처럼 사역하라》(우리하나, 2009)의 추천사에서 전도를 가르침보다 앞에 둔 것을 봐도 확인할 수 있다.

"지난 십수 년 세계 교회를 강타한 두 사역의 트렌드가 있었습니다. 하나는 제자훈련 사역이요, 또 하나는 성령사역입니다. 이 두 사역의 트렌드는 서로 충돌하고 서로 보완하기도 했습니다. 그러나 우리는 대체로 이 두 사역들을 보완적으로 이해하기보다, 충돌적으로 더 이해하여 온 것이 사실입니다. 그런데 저자인 안창천 목사님은 이 두 사역은 철저하게 보완적으로 이해되어야 한다고 주장합니다. 예수님은 성령으로 제자훈련을 하셨기 때문입니다.

그는 성령으로 전파하시고 성령으로 가르치시고 성령으로 상처 입은 자들을 치유하셨습니다."

그런데 마태가 두 번이나 세 가지 사역을 소개하면서 전도보다 가르침을 앞에 둔 이유는 무엇인가? 혼자 복음을 전하는 것보다 많은 사람들을 가르쳐 함께 전도하는 편이 훨씬 효과적이라는 것을 알았기 때문이다. 그렇다. 복음을 많이 듣게 하려면 혼자서 복음을 전하지 말고 되도록 많은 사람이 함께 복음을 전해야 한다.

그러면 마태가 전도 다음에 치유를 둔 이유는 무엇인가? 이는 말로만 복음을 전하지 않고 치유를 통하여 하나님의 능력을 드러내면 복음을 보다 확실히 증언할 수 있기 때문이다(막 16:20). 그렇다. 들려지는 복음보다 눈으로 확인되는 복음이 더 설득력 있게 다가온다.

결론적으로 마태가 예수님의 세 가지 사역 중에서 전도를 중간에 두고 그 앞에는 가르침을 그 뒤에는 치유를 둔 것은, 전도를 위해 가르치고 전도를 위해 치유해야 한다는 것을 강조한 것이다.

그런데 대부분 예수님의 세 가지 사역을 어떻게 이해하고 있는가? 세 가지 사역을 각각 독립적으로 이해한 결과, 어떤 이는 가르치기만 하고, 어떤 이는 전도만 하고, 어떤 이는 치유만 한다. 또 어떤 이는 전도와 치유는 하지만 가르치지 않고, 어떤 이는 가르치거나 치유는 하는데 복음은 전하지 않는다. 또한 성도들이 세 가지 사역을 하도록 훈련시키지도 않는다.

그러나 예수님의 세 가지 사역은 별개의 사역이 아니라 복음 전도를 위해 함께 수행해야 하는 사역이다. 따라서 전도하지 않고 가르치기만 하거나 전도하지 않고 치유만 하는 것은 바람직하지 않다.

그런데 누가는 예수님만 제자훈련으로 복음을 전하도록 훈련하신 것이 아니라 사도들도 예수님처럼 복음을 전했다고 말한다.

> 그들이 날마다 성전에 있든지 집에 있든지 예수는 그리스도라고 가르치기와 전도하기를 그치지 아니하니라 행 5:42

이렇게 사도들이 날마다 성전에 있든지 집에 있든지 예수는 그리스도라고 가르치고 전도하는 것을 그치지 않았다는 것은, 그들이 예루살렘 교회 성도들에게 복음을 전하고 가르칠 수 있도록 훈련했다는 것이다. 즉 제자훈련을 했다는 것이다.

그런데 자세히 보면 예수님의 제자훈련과 사도들의 제자훈련의 내용에 차이가 있음을 알 수 있다. 예수께서는 제자들에게 세 가지 사역, 즉 가르치고, 전파하고, 치유하는 것을 훈련하셨는데(마 4:23; 9:35), 사도들은 가르치고, 전하는 것만 훈련했다는 것이다. 즉, 사도들의 제자훈련에는 세 가지 사역 중에 치유 사역이 빠져 있다.

그런데 필자가 사도들이 예수님처럼 제자훈련을 했다고 주장하는 이유는 무엇인가? 앞서 언급했듯이 사도들로부터 훈련받은 성도들이 나가서 복음을 전하고 가르칠 때 치유가 따랐기 때문이다(막 16:15-20). 즉, 전도 현장에서 치유가 일어났기 때문이다.

　사도들이 예수처럼 제자훈련을 통해 복음을 전할 수 있었던 이유는 무엇일까? 예수께서 공생애 동안 세 가지 사역을 하셨고, 십자가에 못 박혀 죽으시기 전 한 주 동안 성전에서 날마다 복음을 가르치시고 전파하셨기 때문이다. 예수께서 죽음을 코앞에 두시고 날마다 성전에서 복음을 가르치고 전하시고 죽으신 것은, 사도들에게 주님의 유언적 행동으로 받아들여졌을 것이다. 게다가 예수께서 마지막으로 가서 '제자 삼으라'고 명령하셨기 때문에 사도들은 예수님처럼 제자훈련 전도법으로 복음을 전한 것이다.

　그런데 바울은 예수님께 직접 제자훈련을 받지 않았다. 하지만 바울도 제자훈련 전도법으로 복음을 전했다. 그렇다면 바울은 누구에게 제자훈련 전도법을 배웠을까? 앞서 언급했듯이 그는 회심 후 다메섹에서 며칠간 제자들과 함께 지내면서 그들에게 이 방법을 전수받았다. 바울은 짧은 시간 안에 복음 전도자를 세울 수 있는 제자훈련 방식을 알고 있었기에, 복음을 전할 때 그 방식을 적극적으로 활용했다.

　바울이 초대교회의 전도법으로 복음을 전한 것은 다메섹에서 복음을 전할 때 만난 위기를 어떻게 극복하게 되었는지를 통해서도 알 수 있다. 누가는 바울이 복음 전파로 유대인들에게 죽임당할 위기를 맞이한 때 어떻게 피신했는지를 알려준다. "여러 날이 지나매 유대인들이 사울 죽이기를 공모하더니 그 계교가 사울에게 알려지니라 그들이 그를 죽이려고 밤낮으로 성문까지 지키거늘 그의 제자들이 밤에 사울을 광주리에 담아 성벽에서 달아 내리니라"(행 9:23-25).

누가는 바울이 다메섹에서 죽을 위기에 처했을 때 바울을 살려준 자들이 '그의 제자들'이라고 말한다. 그의 제자는 과연 누구의 제자를 뜻할까? 문맥상 바울의 제자들이다. 어떻게 바울이 단기간에 다메섹에서 그들을 제자로 삼을 수 있었을까? 바울이 다메섹에 여러 날을 지내는 동안 그들에게 복음을 전하도록 제자훈련을 했기 때문이다.

바울은 앞서 제자들과 며칠간 함께 있을 때 그들에게 훈련받은 방법으로 또 다른 자들을 제자 삼은 것이다. 이렇게 바울은 단기간에 제자를 만들 수 있었기 때문에 불과 30여 년 만에 복음을 편만하게 전파할 수 있었다.

바울은 에베소에서 회당에서 석 달 동안 하나님의 나라에 대해 강론했다. 그런데 바울의 가르침을 공공연하게 비방하는 완악한 자들이 있었다. 그래서 바울은 제자들을 따로 데려다가 날마다 가르쳤다. 그러자 어떤 일이 벌어졌는가? "두 해 동안 이같이 하니 아시아에 사는 자는 유대인이나 헬라인이나 다 주의 말씀을 듣더라"(행 19:10).

여기서 '아시아'란 오늘날의 아시아가 아니라 로마 통치 시대

속주의 이름 중 하나다. 오늘날로 말하면 요한계시록에 등장하는 일곱 교회가 위치한 오늘날 튀르키예 서남부 지역을 가리킨다.

누가는 두 해 만에 아시아에 사는 모든 자들이 주의 말씀을 듣게 된 것은, 바울이 제자들을 따로 세우고 두란노 서원에서 날마다 가르쳤기 때문이라고 말한다(행 19:9). 바울이 날마다 제자들을 가르쳤다는 것은 단순히 성경을 가르쳤다는 뜻이 아니라, 그들이 복음을 전하고 가르치도록 훈련했다는 뜻이다. 바울이 이렇게 제자들에게 복음을 가르치고 전하도록 훈련하자, 그들이 또 다른 이들을 가르쳐 불과 2년 만에 아시아 전역에 복음이 확산되었다. 즉 바울의 전도법은 예수님과 초대교회 사도들이 사용하던 제자훈련 전도법이다.

바울은 에베소서에서 제자훈련으로 복음을 전했다는 것을 넌지시 알려준다.

> 그가 어떤 사람은 사도로, 어떤 사람은 선지자로, 어떤 사람은 복음 전하는 자로, 어떤 사람은 목사와 교사로 삼으셨으니 이는 성도를 온전하게 하여 봉사의 일을 하게 하며 그리스도의 몸을 세우려 하심이라
> 엡 4:11-12

바울은 하나님께서 교회에 사도, 선지자, 복음 전하는 자, 목사와 교사라는 직분을 은사로 주셨다고 말한다. 오늘날 교회에 남아 있는 직분은 두 가지, 곧 목사와 교사밖에 없다. 그런데 목사와 교

사는 헬라어 문법상 두 기능을 하는 한 사람을 뜻한다. 곧 목사는 가르치는 자다. 따라서 목사가 성도를 온전하게 하는 방법은 가르침을 통해서다.

여기서 목사와 성도와의 관계가 새롭게 설정된다. 우리가 알다시피 성령 안에서 목사나 성도나 하나이고 그리스도 안에서 형제자매이다. 그런데 교회 안에서는 목사와 성도의 관계를 사제지간(師弟之間)으로 설정하셨다. 왜 하나님께서 그렇게 하셨는가? 이는 목사가 복음을 전하고 가르치도록 훈련해야 성도들이 말씀 사역(봉사의 일)을 하여 그리스도의 몸을 세울 수 있기 때문이다. 바울이 이렇게 에베소 교회에 편지한 것은 그가 에베소에서 따로 두란노 서원에서 제자들을 훈련한 것과 맥을 같이 한다.

만일 바울이 초대교회와는 다른 방식으로 복음을 전했다면, 이는 곧 예수께서 가르쳐주신 전도 방식을 따르지 않았다는 의미가 된다. 왜냐하면 바울의 전도법은 초대교회의 전도법과 동일하고 초대교회의 전도법은 예수님의 전도법과 동일하기 때문이다. 즉, 예수께서 제자훈련으로 복음을 전하셨기에 초대교회가 이를 본받아 제자훈련으로 복음을 전하였고 초대교회가 제자훈련으로 복음을 전했기에 바울 역시 제자훈련으로 복음을 전했다. 우리도 바울처럼 예수께서 가르쳐주신 전도법인 제자훈련으로 복음을 전해야 한다.

02_바울은 세 가지 방법으로 전도제자를 만들었다

앞서 언급했듯이, 바울은 스데반의 순교로 예루살렘에서 흩어져 다메섹으로 온 제자들로부터 제자훈련 전도법을 전수받았다. 따라서 바울 역시 초대교회처럼 제자훈련 전도법으로 복음을 전했다. 즉, 그는 예수님처럼 가르치고, 전파하고, 치유하는 세 가지 사역을 통해 복음을 효과적이고 능력 있게 전했다.

그런데 바울은 어떻게 그의 제자들도 세 가지 사역을 하도록 훈련했을까? 그가 다메섹의 제자들로부터 훈련받은 방법으로 훈련했을 것이다. 누가는 다메섹의 제자들이 예루살렘 교회의 사도들로부터 훈련받은 방법을 사도행전 5장 42절에서 소개한다.

> 그들이 날마다 성전에 있든지 집에 있든지 예수는 그리스도라고 가르치기와 전도하기를 그치지 아니하니라 행 5:42

우리는 이 말씀에서 사도들이 성도들을 어떻게 세 가지 사역을 하도록 훈련했는지를 발견할 수 있다. 크게 세 가지 방법, 즉 반복훈련, 집중훈련, 시연훈련이다.

첫째로, 바울은 복음을 전하도록 반복해서 훈련했다.
'날마다'와 '그치지 않았다'는 것은 예수가 그리스도라고 가르치고 전도하기를 반복했다는 뜻이다. 따라서 바울은 다메섹 제자들과 며칠 함께 있으면서 예수는 그리스도라고 가르치고 전도하는 것을 반복해서 훈련받았고 그의 제자들을 반복해서 훈련했다.

이런 사실은 바울이 반복해서 말한 것을 통해 알 수 있다. 바울이 종종 '다시 말하노니'를 사용하거나(고후 11:16; 갈 1:9; 빌 4:4), '같은 말'을 사용한 것은 그가 훈련을 반복했다는 것을 알 수 있다. 여기서 우리는 왜 예수는 그리스도라고 가르치고 전하는 것을 반복해야 하는지를 알아야 한다.

첫째, 예수께서 구원자이심을 확신해야 전도할 수 있는데 예수께서 그리스도라고 반복하지 않으면 굳게 확신할 수 없기 때문이다. 뇌는 받아들인 정보를 기억하는 역할을 한다. 뇌에서 임시로 저장하는 역할을 하는 곳을 '해마'(hippocampus)라고 하는데, 그 이름은 말과 닮은 바다동물 '해마'(海馬)에서 유래되었다.

해마는 임시로 보관한 정보 중에서 버릴 것은 과감히 버리고 기억할 것은 주기억장치로 보낸다. 그런데 해마가 이렇게 취사선택할 때 고려하는 주요한 요인이 있는데 그것은 반복이다. 즉, 임시로 보관 중인 정보를 반복하면 해마는 이를 중요하다고 판단해서 주기억장치로 보내서 기억하게 하지만, 반면에 이를 반복하지 않으면 중요하지 않다고 생각하여 없애 버린다.

망각곡선 주창자로 유명한 독일의 심리학자 헤르만 에빙하우스(Hermann Ebbinghaus)는 이렇게 주장한다.

"사람의 기억은 학습 후 10분이 지나면 망각이 시작되는데 대부분 1시간이 지나면 학습한 정보의 50%가량을, 하루 뒤에는

70%가량을, 한 달 후에는 80% 이상을 망각하게 된다. 이러한 망각으로부터 기억을 오랫동안 지속시키기 위한 가장 효과적인 방법은 복습인데, 최초 학습 후 10분 뒤에 복습하면 하루 동안 기억이 유지되며 하루 뒤에 다시 복습하면 일주일, 일주일 뒤에 재차 복습하면 한 달간 기억이 유지되고, 한 달 후 해당 내용을 다시 복습하게 되면 6개월 이상 기억이 유지되는 장기 기억으로 전환된다."

둘째, 반복해야 생각을 행동으로 바꿀 수 있기 때문이다. 필자는 'D3전도중심제자훈련' 세미나를 인도하며 다음과 같은 내용을 여러 차례 반복해서 말한다.

"초대교회의 사도들이 예수님을 본받아 예수는 그리스도라고 가르치고 전도하도록 반복해서 훈련했기 때문에 우리도 그렇게 훈련해야 합니다. 제가 초대교회처럼 예수께서 그리스도이심을 가르치도록 훈련하기 위해 만든 것이 '온가족튼튼양육 제1과'이고, 예수께서 그리스도이심을 전하도록 훈련하기 위해 만든 것이 '3분복음메시지'입니다. 따라서 이를 반복하면 성도들이 '제자 삼으라'는 명령에 순종하게 됩니다."

이 말을 들은 많은 이들이 지상명령에 순종하는 비결을 깨달았다며 감격하고 감탄한다. 그런데 안타까운 사실은 실제로 주님의 지상명령에 순종하는 자들은 찾아보기 어렵다. 왜 이런 현상이 일어나는가? 생각이 행동으로 바뀔 때까지 반복해야 하는데 그렇게 하지 않고 중도에 포기하기 때문이다. 물은 비등점에 도달할 때까지 가열하지 않으면 끓지 않는다. 성도들을 제자 삼게 하려면 바울과 초대교회처럼 반복해서 '3분복음메시지'와 '온가족튼튼양육 제1과'를 반복해서 훈련해야 한다.

셋째, 누구든지 복음 전도자로 만들기 위해서다. 어느 날 TV에서 돌고래 두 마리가 조련사를 공중으로 밀어 올리는 점프 묘기를 선보이고 있었다. 돌고래 공연이 끝난 후 기자가 조련사에게 물었다.

"어떻게 돌고래가 저렇게 묘기를 부릴 수 있습니까?"

"돌고래를 훈련하는 과정에 위험이 따르지만 반복하니까 가능하게 되었습니다."

돌고래도 끊임없이 반복하면 묘기를 부릴 수 있는데, 성도들에게 예수는 그리스도라고 가르치고 전도하기를 그치지 않고 반복하는데 어떻게 복음 전도자가 되지 않겠는가?

필리핀은 오랫동안 여러 나라의 식민지 지배를 받아왔기 때문에 부유한 자나 권력자 앞에서는 입 한번 뻥긋하지 못하는 사회적 분위기가 있다. 그런데 김종태 선교사(D3 인터내셔널 디렉터)는 필리핀에서 'D3전도중심제자훈련'으로 평신도들을 훈련하여 2019년 한 해 동안에만 가정교회 21개와 오픈셀 35개를 개척했고, 코로나19 상황에서도 43개의 가정교회를 개척했다.

그가 그렇게 할 수 있었던 비결은 무엇인가? 평신도들에게 '3분복음메시지'를 1분 40초 안에 암송할 정도로 지속적으로 반복하여 입만 열면 복음을 전하도록 만들었기 때문이다.

넷째, 최고의 복음 전도자로 만들기 위해서다. 1만 시간의 법칙은 스웨덴 출신의 심리학자 안데르스 에릭슨(Anders Ericsson)이

1993년에 발표한 그의 논문에 처음 등장한 개념인데, 한 분야의 전문가로 성공하려면 최소한 1만 시간 정도의 훈련이 필요하다는 것이다. 그의 주장대로 각 분야에서 정상의 자리에 오른 자들은 거의 1만 시간 이상을 훈련했다.

최고의 복음 전도자가 되는 것은 이 세상에서 그 어떤 자리의 정상에 오르는 것보다 훨씬 가치 있는 일이다. 왜냐하면 이 세상의 성공은 일시적이지만 최고의 복음 전도자가 되어 열매를 맺으면 그 결과는 영원하기 때문이다. 따라서 최고의 전도 전문가가 되도록 반복적으로 훈련해야 한다.

이스라엘은 블레셋과 전쟁할 때 골리앗 장군의 출현으로 벌벌 떨고 있는 상황에서 어떻게 목동 다윗이 나서서 적장 골리앗의 목을 벨 수 있었는가? 평소 곰과 사자를 향하여 물맷돌을 던지는 훈련을 반복함으로 그 일에 최고의 전문가가 된 상태에서 대상을 바꾸어 물맷돌을 던졌기 때문이다.

예수는 그리스도라고 가르치고 전도하는 것을 반복하면 복음 전도의 최고 전문가가 되어 누구를 만나도 담대히 복음을 전할 수 있다. 빌 게이츠가 마이크로소프트를 설립한 것은 그의 뛰어난 두뇌와 함께 컴퓨터 공유 터미널을 설치해 준 학부모회 덕분에 프로그래밍에만 1만 시간을 몰두했기 때문이다.

세계적인 밴드 비틀스가 탄생한 것도 매일 8시간 이상 연습하며 새로운 연주를 시도했기 때문이다. 토트넘의 손흥민이 세계적인 축구선수로 성장할 수 있었던 것도 8세부터 무려 16세까지 오직 기본기만 매일 6시간씩 연습했기 때문이다. 이 세상 분야의 성공도 반복적인 훈련을 통해 이루어지는데, 영원한 가치를 지닌 복음 전도 사역은 그보다 더 큰 반복훈련이 필요하다.

다섯째, 지속적으로 복음을 전해야 하기 때문이다. 주님께서 우리를 구원하신 이유는 복음을 전하도록 하기 위함이다(벧전 2:9). 전도는 모든 그리스도인의 존재적 사명이다. 따라서 천국에 입성하는 날까지 계속해서 복음을 전해야 한다.

어떻게 하면 전도적 사명을 끝까지 감당할 수 있는가? 반복은 연속성과 연결성을 내포하고 있기에 예수는 그리스도라고 반복해서 가르치고 전도하도록 훈련하면 중단하지 않고 계속해서 전도할 수 있다.

이스라엘 백성들이 나라를 잃고 2000년 동안이나 방황했지만, 여호와를 믿는 신앙을 지킬 수 있었던 이유는 무엇인가? 하나님께서 이스라엘의 모든 남자에게 매년 세 번씩 여호와께 보이라고 명령하셨기 때문이다(출 23:17). 즉, 반복해서 세 절기(유월절, 칠칠절, 초막절)를 지키게 하셨기 때문이다. 마찬가지로 반복해서 복음을 전하도록 훈련하면 세상 끝날까지 전도를 멈추지 않게 된다.

둘째로, 바울은 한 가지 주제에 집중하여 훈련했다.

초대교회의 사도들이 가르치고 전하도록 훈련한 내용은 '예수는 그리스도시다'이다. 즉 그들이 가르친 내용과 전한 내용은 모두 예수는 그리스도라는 것이다. 이는 예수 그리스도라는 한 가지 주제에 집중했다는 것을 뜻한다. 바울도 다메섹의 제자들로부터 이 한 가지 주제를 가르치고 전하도록 훈련받았기에, 그도 역시 그의 제자들을 한 가지 주제에 집중하여 훈련했다.

바울은 다메섹 제자들과 며칠 동안 있고 난 후 가는 곳마다 예수는 그리스도라고 증언했다(행 9:22; 18:5, 28). 그리고 모든 지식을 배설물로 여기고 오직 예수 그리스도께 붙잡힌 삶을 살아간 것은 그가 예수 그리스도에게 집중했다는 뜻이다.

바울이 예수는 그리스도라는 사실을 깨달은 후 계속해서 예수는 그리스도라는 한 가지 주제에 집중한 이유는 무엇인가?

첫째, 성경 전체가 예수 그리스도라고 증거하고 있다는 것을 깨달았기 때문이다. 성경이 다루지 않는 주제는 없다. 태초부터 영원까지, 이 세상에서 저세상까지, 하늘과 땅의 모든 내용을 다룬다. 그러나 가장 중요하게 다루는 주제는 '예수는 그리스도시다'라는 것이다.

종교개혁자 마틴 루터는 이렇게 말했다. "성경을 짜면 피가 나온다. 구약에는 소와 양, 비둘기인 짐승의 피가 흐르고, 신약에는 예수님의 피가 흐른다." 그러나 바울은 성경에 정통하고 있었지만, 다메섹 도상에서 부활하신 주님을 만나기 전에는 성경 전체가 예수는 그리스도이심을 증거한다는 것을 몰랐다. 그러나 다메섹 도상에서 부활하신 예수님을 만나는 순간 예수께서 거짓 메시아가 아니라 진짜 메시아이심을 깨닫고 구약 성경 전체가 예수는 그리스도이심을 증거한다는 것을 알고 이에 집중하여 가르치고 전하도록 훈련했다.

둘째, 교회가 '예수 그리스도' 위에 세워졌다는 것을 깨달았기 때문이다. 바울은 친히 고린도 교회에 보낸 편지에서 교회의 터를 예수 그리스도라고 말한다. "이 닦아 둔 것 외에 능히 다른 터를 닦아 둘 자가 없으니 이 터는 곧 예수 그리스도라"(고전 3:11; 고전 10:4 참조). 즉 교회가 예수 그리스도 위에 세워졌다는 것이다.

교회가 예수 그리스도 위에 세워졌다는 것은, 교회가 우선적으로 해야 할 일은 예수께서 그리스도이심을 전파하는 것이라는 것이다. 따라서 교회는 예배드려야 하고, 교육해야 하고, 교제해야 하고, 봉사와 구제를 해야 하고, 빛과 소금의 역할을 감당해야 하지만 이보다 우선해서 해야 할 것은, 예수는 그리스도이심을 증언해야 한다. 바울은 이런 사실을 잘 알고 있었기 때문에 예수는 그리스도라는 한 가지 주제에 집중하여 복음을 전하고 가르치도록 훈련했다.

셋째, 성령께서 예수는 그리스도라고 증언하기 위해 오셨다는 것을 깨달았기 때문이다. 성령께서 하시는 일은 매우 다양하다. 우리의 죄를 깨닫게도 하시고, 바른길로 인도하기도 하시고, 책망하기도 하시고, 소망을 주기도 하신다. 그런데 성령께서 가장 중요하게 여기시는 것은 예수는 그리스도이심을 증언하는 것이다(요 15:26; 행 1:8).

바울은 성령께서 자신 안에 거하신다는 것을 알고 있었을 뿐만 아니라 예수는 그리스도라고 증언하기를 원하신다는 것을 알고 있었다. 그래서 그는 성령의 능력으로 예수께서 그리스도이심을 전했을 뿐만 아니라 다른 사람들도 그렇게 하도록 예수 그리스도에 집중해 가르쳤다.

《3시간 30분, 예루살렘에서 엠마오까지》(안창천, 우리하나, 2019)는 엠마오로 낙향하던 두 제자가 어떻게 예수는 그리스도이심을 깨닫고 엠마오에 도착하자마자 곧바로 예루살렘으로 되돌아가 다른 제자들에게 복음을 전하게 되었는지를 추적하여 밝힌 책이다. 한마디로 예수께서 엠마오로 가던 두 제자의 대화에 끼어들어 자신이 십자가에 못 박혀 죽으시고 부활하신 그리스도라는 한 가지 주제를 집중해서 반복적으로 가르치셨기 때문이라고 힘주어 말한다. 볼록렌즈에 햇빛을 모아 종이를 태울 수 있듯, 예수 그리스도라는 한 가지 주제에 집중해 훈련하면 예수께서 참된 메시아이심을 깨닫고 복음의 증인으로 살아갈 수 있다.

셋째로, 바울은 복음을 전하고 가르치도록 시연(試演)했다.

시연훈련은 마치 연극의 리허설처럼, 성도들이 실제 전도 현장에 나가기 전에 교회나 가정에서 복음을 전하고 가르치는 것을 미리 연습하는 것이다. 바울이 유다의 집에서 다메섹의 제자들로부터 복음을 전하고 가르치도록 훈련받았듯이, 그도 복음을 믿은 자들이 현장에 나가기 전 가정교회에서 복음을 전하고 가르치도록 훈련했다. 이는 다메섹에서 매우 단기간에 바울의 제자가 만들어진 것을 통해 추정할 수 있다(행 9:25).

그러면 시연훈련을 하면 어떤 유익들이 있는가?

첫째, 예수는 그리스도이심을 온전히 깨닫게 된다. 바울이 다메섹 도상에서 예수는 그리스도이심을 깨달았으나, 다메섹의 제자들에게 시연훈련을 받으면서 더 분명히 깨달았다. 예수는 그리스도이심을 온전히 깨달으려면 현장에서 복음을 전하고 가르치기 전에 실제 사역하는 수준에 이를 때까지 시연해야 한다.

예수께서 자신을 죄에서 건져주신 그리스도라고 믿지만 이를 증언하지 않는 것은, 예수는 그리스도이심을 온전히 깨닫지 못했기 때문이다. 임계질량(크리티컬 매스)에 이를 때까지 시연하면 예수는 그리스도이심을 온전히 깨달을 뿐만 아니라 성령의 충만을 받아 복음을 담대히 전할 수 있다.

둘째, 복음을 탁월하게 전하고 가르칠 수 있다. 복음을 단순히 아는 것만으로는 충분하지 않다. 반복적인 시연을 통해 가르치고 전하는 훈련을 해야 복음을 탁월하게 전달할 수 있다. 그리스도인들이 전도해야 한다는 것을 알고 있지만 그렇게 하지 못하는 것은 시연 훈련을 하지 않기 때문이다.

'D3전도중심제자훈련'에서는 성도들이 현장에서 누구를 만나도 복음을 전하도록 두 가지를 시연한다. 하나는 예수는 그리스도이심을 가르치도록 훈련하기 위해 만든 '온가족튼튼양육 제1과'를 반복하는 것이고, 다른 하나는 예수는 그리스도이심을 전하도록 훈련하도록 만든 '3분복음메시지'를 반복하는 것이다. 놀라운 것은 이 두 가지를 계속해서 시연하면 학력, 나이, 은사에 상관없이 복음을 전하고 가르쳐 제자 삼을 수 있다.

셋째, 핍박 중에도 복음을 담대히 전할 수 있다. 초대교회의 성도들이 세상에 나가 담대히 복음을 증언하였던 것은 성전에 있든지 집에 있든지 예수는 그리스도라고 가르치고 전도하는 것을 훈련받았기 때문이다. 스데반이 담대히 복음을 전하다가 돌에 맞아 순교한 것도, 빌립이 두루 다니며 능력을 행하고 담대히 복음을 전할 수 있었던 것도, 바울이 죽을 고비를 수없이 맞이했어도 전도를 멈추지 않았던 것은 반복해서 시연훈련을 했기 때문이다.

혹자는 가까운 사람들과 대화하는 데는 전혀 부담을 느끼지 않지만 많은 사람 앞에서 말하는 데는 두려움을 느낀다. 왜 그런가? 대중 앞에서 말하는 것을 훈련하지 않았기 때문이다. 전도도 마찬가지다. 우리가 전도하지 못하는 것은 다른 사람에게 전도하는 것을 훈련하지 않았기 때문이다.

바울은 초대교회처럼 반복훈련, 집중훈련, 시연훈련의 세 가지 방법으로 '예수는 그리스도'라고 가르치고 전하도록 훈련했다. 우리도 바울처럼 세 가지 방법을 활용하여 훈련하면 누구든지 지상명령에 순종하게 할 수 있다.

03_우리도 제자훈련 전도법으로 복음을 전해야 한다

예수께서는 모든 그리스도인의 신앙과 삶, 그리고 사역의 본보기이시다. 따라서 예수님처럼 믿어야 하고, 살아야 하고, 사역해야 한다. 필자는 예수님의 삶을 본받기 위해 《예스》(우리하나, 2009)를 펴냈고, 예수님처럼 믿음으로 살기 위해 《8확신으로 이겼다》(우리하나, 2019)를 펴냈으며, 예수님처럼 사역하기 위해 《왕처럼 사역하라》(우리하나, 2009)를 펴냈다. 그리고 예수님처럼 제자훈련으로 복음을 전하도록 훈련하는 'D3전도중심제자훈련'을 창안하여 국내외에 보급하고 있다.

그런데 우리가 예수님처럼 제자훈련을 통하여 복음을 전하려면 무엇보다 그렇게 해야 할 이유를 알아야 한다.

첫째로, 주인이신 예수께서 제자 삼으라고 명령하셨기 때문이다. 종은 주인의 뜻대로 행해야 한다. 종은 주인의 뜻에 따를 의무만 있다. 예수님은 만왕의 왕이시며 우리의 진짜 주인이시다. 따라서 주인이신 예수께서 제자훈련의 본을 보이시고 마지막으로 제자 삼으라고 당부하셨으므로 반드시 순종해야 한다.

제자훈련은 주님의 명령이기에 선택 사항이 아니다. 우리가 하고 싶다고 하고 하기 싫다고 하지 않아도 되는 것이 아니다. 그리고 지상명령에 순종하는 것은 대계명을 실천하는 것임을 알아야 한다. 왜 그런가? 대계명은 하나님을 사랑하고 이웃을 사랑하라는 것인데, 지상명령에 순종하면 하나님을 사랑하고 이웃을 사랑하는 것이기 때문이다.

둘째로, 제자훈련을 하지 않으면 전도제자를 만들 수 없기 때문이다. 제자훈련은 한마디로 재생산하는 복음 전도자를 세우는 것이다. 즉, 전도제자를 만드는 것이다. 예수께서 3년 반의 공생애 동안 3분의 2에 해당하는 시간을 오직 12명에게 투자하셨던 이유는, 훈련 없이는 '제자 삼으라'는 명령에 순종할 수 있는 제자를 세울 수 없다는 사실을 아셨기 때문이다.

'제자 삼으라'는 명령에 순종하게 하려면 반드시 훈련해야 한다. 하나님께서 큰 박해를 통해서 예루살렘 교회를 흩으셨을 때, 평신도들이 유대와 사마리아 땅끝으로 흩어진 상황에서도 복음을 전할 수 있었던 것은 날마다 성전에 있든지 집에 있든지 예수는 그리스도라고 가르치고 전도하는 훈련을 받았기 때문이다. 기독교가 300년간 로마의 박해를 이겨내고 성장할 수 있었던 것도 제자훈련으로 재생산되는 전도자들이 있었기 때문이다.

복음을 전할 때, 훈련받은 자와 그렇지 않은 자의 차이는 하늘과 땅만큼 크다. 이는 마치 같은 군인이라도 특수 훈련을 받는 경우와 그렇지 않은 경우가 전혀 다른 것과 같다. 이름부터 다르게 불린다. 고강도 훈련을 받으면 특전병으로 불리고 그렇지 않으면 일반 사병으로 불린다. 또한 실전에서도 현저한 차이가 난다. 특전병은 적진 깊숙이 침투하여 적을 궤멸하는 일에 혁혁한 공을 세우지만, 일반 사병은 그들을 도와 전투에 참여한다.

예수께서 '가서 모든 민족을 제자 삼으라'고 명령하셨기 때문에 교회 안에서 예배를 드리는 것으로 만족하지 말고, 훈련받아 또 다른 제자를 만듦으로 교회를 건강하게 세우고 하나님 나라를 확장해야 한다.

셋째로, 다음 세대로 신앙이 계승되어야 하기 때문이다. 필자는 몇 해 전, 튀르키예에서 'D3전도중심제자훈련'으로 현지 평신도를 훈련하여 가정교회를 개척하는 등 제자훈련 사역을 성공적으로 수행하고 있는 이영철 선교사와 바울의 1차와 2차 선교 여행지를 방문한 적이 있다.

그런데 이고니온(코냐)과 루스드라를 둘러보며 마음 한편에서 불편함이 크게 느껴졌다. 왜냐하면 사도행전을 통하여 그곳에서 어떤 기적이 일어났는지를 너무 잘 알고 있었기 때문이다. 이고니온에서는 바울과 바나바가 오래 있으면서 복음을 전하자, 시내 절반이 두 사도를 따르는 기적이 일어났고, 루스드라에서는 발을 쓰지 못하는 한 사람을 고치는 기적을 행하므로 무리가 바나바는 '제우스'(Zeus)라고 하고, 바울은 '헤르메스'(Hermes)라고 부르면서 그들에게 제사까지 드릴 정도로 복음에 관심을 보였다. 그리고 바울이 이고니온과 루스드라에 교회를 세웠고, 그 교회의 문제를 해결하기 위해 편지를 보냈는데 이것이 바로 갈라디아서다(이는 남갈라디아설을 취할 경우다).

그런데 지금은 갈라디아 교회들이 사라지고 이슬람 사원으로 가득 찬 이유는 무엇인가? 여러 가지 원인이 있을 수 있다. 그러나 제자훈련 분야의 전문가 입장에서 보면, 다음 세대로 그들의 신앙을 전승하지 않았기 때문이다. 그렇다. 기독교가 250년 동안 극심한 박해를 받을 때는 제자훈련을 통해 평신도가 말씀 사역을 했어도 AD 313년 콘스탄틴 대제의 밀라노 칙령으로 초대교회처럼 평신도가 말씀 사역을 하지 않고 사제의 설교를 중심으로 신앙생활을 하게 되었기 때문이다. 평신도가 복음을 전하고 가르쳐 제자 삼지 않으면 다음 세대로 신앙이 계승되는 것은 거의 불가능하다.

한국 교회가 60-70년대만 해도 교회에 미래의 꿈나무들이 너무 많이 몰려와서 무엇을, 어떻게 가르칠지를 고민했다. 그러나 지금은 어떠한가? 특별한 교회를 제외하고는 거의 교회학교가 붕괴되어가고 있다. 왜 이런 현상이 빚어졌는가? 여기에는 다양한 요인들이 있다. 무엇보다 결혼을 점점 기피할 뿐만 아니라 자녀들을 많이 낳지 않기 때문이다. 다음은 교회가 다음 세대를 위해 투자를 하지 않았기 때문이다. 또한 부모들이 신앙 교육보다 학교 교육을 더 중요시했기 때문이다. 그러나 이보다 근원적인 이유가 있다. 이는 교회와 가정에서 제자 삼는 일에 게을렀기 때문이다.

물론 교회마다 나름대로 미래의 꿈나무들을 위해 성경 공부 프로그램을 운영한다. 그러나 성경 공부를 하는 데서 멈추지 말고 지상명령에 순종하도록 훈련해야 한다. 또 가정에서도 신앙생활을 잘하도록 격려만 하지 말고 자녀들이 제자 삼도록 훈련해야 한다. 결국 제자 삼는다는 것은 평신도가 말씀 사역을 한다는 것이므로,

제자훈련을 하면 평신도에 의해 다음 세대로 신앙 전승이 이루어진다.

유대인들이 2000년 동안 나라 없이 흩어져 살면서도 신앙을 유지할 수 있었던 이유는 자녀들에게 지속적으로 신앙을 전수했기 때문이다. 신앙은 반드시 다음 세대로 계승되어야 한다. 기성세대를 제자화하여 성숙한 그리스도인으로 살도록 하는 것도 중요하지만, 그보다 더 시급하고 중요한 것은 가정에서 자녀들을 제자 삼아 다음 세대로 대(代)가 끊어지지 않도록 하는 것이다. 예배당을 크게 건축하고 교회의 건물을 아름답게 꾸미는 데 시간과 물질을 허비하지 말고 예수님을 닮은 한 사람을 그리스도의 제자로 세우는 일에 전력투구해야 한다.

예수께서 마지막으로 가서 제자 삼으라고 당부하신 것은 단순히 제자를 삼으라는 뜻이 아니다. 복음이 다음 세대로 계승되도록 훈련하라는 뜻이다. 요게벳이 모세를 갈대 상자에 담아 나일강에 띄운 것은 자신의 안위보다 다음 세대를 위한 신앙적 결단이었다. 자신보다 다음 세대를 중요하게 생각하지 않으면 다음 세대를 제자 삼을 수 없다.

넷째로, 신앙의 자유가 없는 나라에서도 복음을 전해야 하기 때문이다. 이슬람 국가에서는 공식적으로 교회를 개척할 수 없다. 혹 겉으로는 교회 개척을 허락해도 실제로는 다양한 방법으로 통제하므로 자유롭게 교회를 세워나갈 수도 없다. 그러나 이런 상황에서도 얼마든지 복음을 전하는 방법이 있다. 그것은 바로 제자훈련 전도법이다. 제자훈련을 통해 전도하면 반드시 건물 교회가 필요하지 않다. 가정교회 형태로 운영하면 어떤 상황에서도 제자훈련을 통한 전도가 가능해진다.

필자는 필리핀 선교사 엘머를 훈련하기 위해 세계에서 가장 강경파 무슬림이 살고 있는 인도네시아의 반다아체를 방문한 적이 있다. 아체주는 인도네시아에서 샤리아 율법을 시행하고 태형을 집행하는 유일한 지역이다. 엘머는 2003년 인도네시아에 쓰나미가 와서 수십만 명이 죽었을 때 재난 복구 단체의 일원으로 봉사하러 갔다가 주님의 음성을 듣고 지금은 NGO 대표로 그곳에서 복음을 전하고 있다.

그는 나와 그곳의 사역에 대해 나누던 중 갑자기 눈물을 보이며 이렇게 말했다.

"지하드가 날마다 죽이겠다는 협박 문자를 보내와서 두렵고 떨립니다. 지금이라도 이곳을 떠나고 싶습니다. 미국에서 자리를 잡은 아들이 꼭 이렇게 위험한 지역에 있어야 하냐며 철수를 권할 때마다 마음이 아픕니다. 그런데 내가 여기를 떠나지 못하는 이유가 있습니다. 그것은 이곳 300여 명의 가정교회 성도들의 믿음이 쑥쑥 자라고 있는 것을 보고 있기 때문입니다."

어떻게 지구촌에서 가장 강성 무슬림이 사는 반다아체에도 수백 명 그리스도인이 있는가? 제자훈련 전도법을 통해 가정교회를 개척하기 때문이다. 그렇다. 제자훈련 전도법을 사용하면 어떤 나라에서도 복음을 전할 수 있고, 가정교회를 개척하여 하나님의 나라를 세울 수 있다. 바울이 가는 곳마다 교회를 개척할 수 있었던 것은 바로 이 때문이다.

다섯째로, 제자훈련을 통한 배가 부흥이 없이는 세계 복음화는 이루어질 수 없기 때문이다. 세계 복음화가 되려면 우선 믿는 자가 믿지 않는 자보다 많아져야 한다. 즉, 하나님의 자녀가 마귀의 자녀보다 많아져야 한다는 뜻이다. 거듭나지 않으면 결코 하나님의 자녀가 될 수 없다. 어떻게 하면 마귀의 자녀보다 하나님의 자녀가 많아지게 할 수 있는가? 육신의 자녀 증가 속도보다 하나님의 자녀 증가 속도가 빨라야 한다.

오늘날 이슬람교가 사용하는 전도 전략은 다산정책이다. 만일 이들이 출산하는 숫자보다 복음을 전해서 거듭나는 자가 더 많아지지 않으면 세계 복음화는 이루어질 수 없다. 생물학적 번성보다 빠른 속도로 확산될 수 있는 유일한 전도 방식이 바로 제자훈련이다. 제자훈련은 예수께서 가르쳐 주신 가장 효과적인 전도법이다.

그런데 우리의 현실은 어떠한가? 일반적으로 교회는 제자훈련에 관심이 없고, 네트워크 마케팅 회사들이 이 방법을 사용하여 막대한 수익을 창출하고 있다. 우리나라에서 그동안 가장 많은 매출을 올리는 네트워크 마케팅 회사는 암웨이다. 요즘 암웨이보다 더 많은 매출을 올리는 애터미라는 한국 기업이 있어 세간의 주목을 끌고 있다. 이 회사의 2024년 매출이 1조 2천억에 이른다.

어떻게 이들 기업이 막대한 수익을 창출하는가? 제자훈련 방식으로 유통 구조에 혁신을 가져왔기 때문이다. 그들은 교회보다 더 엄격하게 제자훈련을 시킨다. 윗사람이 아랫사람을 지속적으로 관리하여 사업자로 만들고, 그들이 또 다른 사람을 소개해 훈련에 참여시킨다. 교회는 제자훈련의 본래적 목적과 효과성을 회복해야 한다. 세상의 기업들도 사람을 양성하고 복제하는 '제자훈련' 방식을 통해 폭발적인 성장을 이루는데, 영혼을 살리는 교회가 이 중요한 방법을 놓쳐서는 안 된다. 바울처럼 모든 성도에게 복음을 전하고 가르치도록 훈련하여 지상명령에 순종하게 만들어야 한다.

참고로 사복음서의 기자들은 모두 전도하라고 말한다. 그런데 마태만 제자 삼아 전도하라고 한 이유는 무엇일까? 마태는 직업이 세리였기 때문에 누구보다도 계산에 밝았다. 그는 세관에서 일한 경험이 있기에 일머리를 알고 일의 효율에 대해서도 생각이 깊었다. 따라서 그는 어떻게 복음을 전해야 가장 효과적인지를 고민했고, 성령의 감동이 더해져 제자 삼는 것임을 깨달았을 것이다. 즉, 혼자서 복음을 전하지 않고 다른 사람들을 가르쳐서 그들과 함께 전하는 것이 훨씬 효과적인 것을 깨닫고 제자 삼으라고 하지 않았을까 조심스럽게 생각해 본다.

PART
5

누가는
바울의 전도를
어떻게 이해했는가?

PART 5

01_회당을 이용하여 복음을 전했다

02_도시 중심의 전도를 했다

03_사명을 가지고 복음을 전했다

04_성령의 능력으로 복음을 전했다

05_땅끝까지 복음을 전했다

누가는
바울의 전도를
어떻게 이해했는가?

01_회당을 이용하여 복음을 전했다

　서신서의 바울과 사도행전의 바울은 구분할 필요가 있다. 왜냐하면 서신서는 바울이 자신의 생각을 1인칭 작가 시점에서 기록한 반면, 사도행전은 누가가 자신의 신학적 메시지를 담아 바울을 평가하고 이야기를 기록했기 때문이다.

　전도 방식 또한 마찬가지다. 누가가 바울의 전도를 평가한 것과 서신서에서 바울이 보여준 전도는 다를 수밖에 없다. 먼저 누가가 기록한 바울의 전도를 살펴보고, 다음 장에서는 바울이 서신서에서 밝힌 전도 방식을 살펴보기로 한다.

　누가는 바울이 회당(synagogue)에서 복음을 전했다고 기록한다. 회당은 모임, 집회를 의미하는 '쉬나고게'에서 왔고, 히브리어로는 모임의 집을 뜻하는 '베트 크네세트'이다. 구약에는 회당이 등장하지 않는다. 시편 74편 8절에 '회당'이라는 단어가 한 번 등장하지만, 이는 신약 성경의 회당과는 성격이 전혀 다르다.

　일반적으로 회당제도는 유다의 바벨론 포로기에서 시작된 것으로 본다. 이 회당 제도가 예수님 당시에는 보편화되어 예수께서 회당에서 자주 말씀을 가르치셨고, 주후 70년 예루살렘 성전이 무너질 무렵에는 이미 이스라엘에 400여 개의 회당이 있었다. AD 70년 로마 장군 티투스에 의해 예루살렘 성전이 무너지자, 회당은 성전의 역할을 대신하며 종교적 기능이 크게 확대되었다. 이로 인해 회당은 유대인 신앙생활에서 가장 중추적인 장소로 자리 잡았다.

1세기 말엽에는 전 세계에 1,000여 개나 있었다. 특히 바리새파는 유대 민족의 일체성을 유지하기 위해 회당을 통하여 율법을 전 국민에게 교육하였다. 그리고 회당에서 일종의 의무교육으로 유대 소년들에게 구약 성경을 가르쳤기 때문에 회당은 때로 학교와 같은 기능을 하기도 했다.

바울도 예수께서 자신의 규례대로 회당에서 성경을 읽으셨던 것처럼, 자기 관례대로 안식일에 회당에서 말씀을 선포했다(눅 4:19; 행 17:2). 루스드라와 빌립보처럼 유대인 인구가 10명 미만인 지역을 제외하고는, 바울은 대부분의 도시에서 회당을 찾아 복음을 전했다.

당시 바울이 가장 먼저 회당을 찾은 이유는 무엇일까? 크게 세 가지 이유로 본다.

첫째, 유대인을 쉽게 만날 수 있었기 때문이다. 회당보다 유대인에게 복음을 효과적으로 전할 수 있는 곳은 없었다. 한 사람 한 사람 찾아가지 않아도 안식일에 회당만 가면 그 지역에 사는 모든 유대인에게 복음을 전할 수 있었다.

둘째, 당시 로마 제국의 피지배국에 대한 문화정책을 알고 있었기 때문이다. 당시 로마는 피지배국의 종교와 문화를 보호하는 정책을 사용했다. 그런데 회당은 유대인의 종교와 교육과 문화의 중심적 역할을 하고 있었기 때문에 그곳에서 복음을 전하면 로마 제국의 보호를 받을 수 있었다.

셋째, 회당을 세계 복음화를 위한 전진 기지로 사용하기 위해서다. 회당 예배는 다음의 순서로 진행된다. 크게 제의적인 부분과 교육적인 부분으로 나뉘는데, 유대교의 신앙고백을 뜻하는 '쉐마'(Shema)를 낭송함으로 시작된다. 쉐마는 신명기 6장 4-9절, 11장 13-21절, 민수기 15장 37-41절로 구성되어 있다.

다음은 쉐마 낭송을 전후하여 한두 개의 찬송을 한 다음에 회당 예배의 핵심을 이루는 이른바 '쉐모네 에스레'(숫자 18을 뜻하는 히브리어) 축복 기도문을 낭독한다. 내용은 하나님을 향한 찬양과 청원과 감사의 형태로 신앙의 중심 주제들과 이스라엘의 소망을 담고 있다. 이는 기도의 전형으로 통하므로 일반적으로 '테필라'(Tefilla)로 불리기도 하고, 서서 기도하는 형식이기 때문에 '아미다'(Amida)라고도 불린다.

다음은 율법에서 발췌한 성구와 예언서에서 발췌한 성구를 낭독하고 설교한다. 그리고 설교 후 축복하고 마친다. 그런데 설교는 회당장이 지명하거나 자원자가 할 수도 있다. 바울이 예수님처럼 안식일에 회당에서 복음을 전할 수 있었던 것은, 회당이 이렇게 운영되었기 때문이다(행 13:14-15; 눅 4:16 참조).

바울은 이방인 선교사로 부르심을 받았지만, 가는 곳마다 먼저 회당을 찾아서 유대인에게 복음을 전하였다. 회당에서 추방당할 때만 다른 곳으로 이동했고(행 18:7; 19:9) 바울은 주로 회당에서 복음을 전했다. 바울이 이렇게 한 것은 먼저 유대인에게 복음을 전하고 제자 삼아 함께 복음을 전하는 것이 가장 효과적인 전도 방법이라고 보았기 때문이다.

전도는 영적 전쟁이다. 전쟁에 전략이 필요하듯, 전도에도 전략이 있어야 풍성한 열매를 맺을 수 있다. 바울이 먼저 유대인에게 복음을 전해서 구원받게 하고 제자 삼아 그들과 함께 복음을 전하려고 한 것은 탁월한 전략이 아닐 수 없다.

바울이 회당에서 복음을 전하자 어떤 일이 일어났는가? 믿지 않고 핍박하는 자들도 있었지만 반대로 믿고 따르는 자들도 있었다(행 13:14-52). 당시 유대교 회당 공동체는 크게 세 개의 그룹으로 구성되어 있었다. 첫째는 순수한 혈통을 이어받은 정통 유대인들이고, 둘째는 이방인이었다가 유대교 신앙을 받아들이고 정식 할례를 받아 개종한 자들이며, 셋째는 이방인으로 회당 예배에는 참여하지만, 할례는 받지 않은 자들, 즉 하나님을 경외하는 사람들이다.

이들 가운데 정통 유대인은 대부분 복음을 거부하거나 반대했지만, 개종자들과 하나님을 경외하는 사람들 가운데 예수님을 믿는 자들이 있었다. 성경에서 그런 예는 쉽게 찾을 수 있다. 대표적인 사람은 디도 유스도이다. 디도 유스도는 바울이 고린도에서 사역할 때 고린도 회당 바로 옆에 살았다(행 18:7).

바울이 안식일마다 회당에서 복음을 전하자 정통파 유대인들이 바울을 대적하므로 회당에서 복음을 전할 수 없게 되어 디도 유스도의 집으로 옮겼다. 그는 바울과 많은 대화를 나누면서 복음을 올바로 이해하고 예수 그리스도를 영접했다. 바울이 회당 옆에 위치한 디도 유스도의 집에 유숙했기 때문에 아침저녁으로 회당장 그리스보와 만날 수 있었고, 그와 많은 대화를 나누며 복음을 전하자 회당장도 구원을 받았다.

바울은 회당을 하나님께서 유대인에게 복음을 전하도록 준비해 놓으신 곳임을 깨닫고 안식일마다 복음을 전하였고, 많은 영혼을 구원하여 제자 삼고 교회를 개척할 수 있었다.

그렇다면 오늘날 바울의 회당 전도 방식을 어떻게 적용할 수 있을까? 바울 당시는 유대교와 기독교가 완전히 분리되지 않았고, 초기 그리스도교는 유대교의 한 분파로 인식되었다. 그래서 AD 70년 로마 장군 티투스에 의해 예루살렘 성전이 무너지기 전까지는, 그리스도인이 주일에는 예배를 드리고 다른 날에는 성전과 회당 모임에도 참석할 수 있었다.

그러나 AD 90년 얌니아 회의 이후 상황은 급변했다. 이 회의에서 그리스도교가 공식적으로 이단으로 규정되고, 모든 유대교 회당에서 예배 전마다 그리스도인을 저주하는 기도가 반복적으로 시행되면서 유대교와 기독교는 완전히 분리되었다. 따라서 오늘날 유대인 회당에서 복음을 전하는 것은 사실상 불가능에 가깝다고 할 수 있다.

요즘 이스라엘과 이란이 전쟁 중이다. 이런 상황에서도 예루살렘을 떠나지 않고 사역 중인 데이비드 킴(D3 이스라엘 디렉터)에게 다음과 같은 질문을 보냈다. "지금 《바울, 전도를 말하다》를 집필 중입니다. 이 시대에 바울의 회당 전도를 어떻게 적용할 수 있는지를 다루고 있는데, 혹시 회당에서 유대 그리스도인이 발언권을 얻어 복음을 전할 수 있는지를 알아봐요."

그러자 곧바로 이렇게 답을 보내왔다.

"발언권을 얻어 복음을 전할 가능성은 없으며, 시도하는 즉시 어려움에 직면할 것입니다."

따라서 오늘날 바울의 회당 전도 방식을 그대로 따르는 것은 현실적으로 적절하지 않다. 오히려 바울이 회당에서 박해를 받을 때 회당을 대신해 가정교회를 개척한 점을 본받아야 한다.

바울이 박해를 받을 때 회당을 대신하는 가정교회를 개척했던 것처럼, 예수님의 '가서 제자 삼으라'는 명령에 따라 우리의 일터, 사업장, 학교, 가정에서 복음을 전하고 제자를 삼아 가정교회를 세워야 한다.

02_도시 중심의 전도를 했다

로마 제국은 먼 지역의 세금을 로마로 보내고 군대를 파견하기 위해 도로를 닦는 데 어느 제국보다 열심이었다. 로마의 도로는 제국의 주요 행정, 상업, 문화적 거점 도시들을 긴밀히 연결했다. 이러한 도로는 복음이 도시를 넘어 주변 지역으로 확산되는 데 유리한 조건을 제공했다. 바울은 이 점을 활용해 거점 도시들을 중심으로 선교 활동을 펼쳤고, 그곳에 교회를 세워 복음 전파의 전진 기지로 삼았다.

바울이 가장 먼저 복음을 전한 도시는 다메섹이다. 다메섹은 오늘날 시리아의 수도인 다마스쿠스의 히브리어식 표기이다. 다메섹은 삼면이 산악으로 둘러싸인 해발 2,200피트의 평지에 위치해 있다. 본래는 구약 성경에 나타나는 아람의 수도였지만 주전 732년 앗시리아 제국에 의해 멸망당했다가 주전 64년부터는 로마 제국의 지배하에 놓이게 되었다.

다메섹은 예루살렘으로부터 약 240Km나 떨어져 있었지만, 오래전에 아브라함 때부터 이스라엘과 관계를 맺어온 까닭에 많은 유대인들이 살고 있었다. 바울이 거듭나서 다메섹에서 복음을 전할 당시는 그곳의 인구가 얼마나 되었는지 정확히 알 수 없다.

그런데 로마의 역사가 요세푸스의 기록에 의하면, 주후 66년, 네로 황제의 대박해 시에 다메섹에서 학살당한 유대인의 숫자만 1만 5백 명이었던 것으로 밝혀진 것을 볼 때, 그보다 약 30년 전에도 상당히 많은 유대인들이 살고 있었음을 짐작할 수 있다.

바울은 다메섹에서 복음을 전한 뒤 다소로 내려갔고, 이후 바나바의 요청으로 안디옥에서 사역하게 되었다. 바울이 이방 선교에 있어서 전진 기지로 삼았던 수리아의 수도 안디옥은 성경에 소개되는 16개의 안디옥 중 하나로서, 지중해에서 약 50킬로미터 지점에 위치한 인구 50만 명의 대도시로 로마와 알렉산드리아 다음으로 아시아 지역에서 가장 큰 도시였다. 안디옥은 '동방의 여왕'이라고 불릴 만큼 아름다운 국제도시였다. 스데반의 순교 이후에 있었던 성도들의 이산으로 인해 안디옥에 교회가 시작되었다. 바울과 바나바는 안디옥 교회의 파송을 받아 본격적으로 전도 여행을 시작하였다(행 11:19-30).

이고니온은 소아시아 남부 중앙에 위치한 도시로, 로마 제국 당시에는 루가오니아의 수도였다. 현재는 튀르키예의 주도(州都)인 코냐(Konya)로 불린다. 당시 이고니온에는 시리아에서 에베소와 로마에 이르는 대로가 통과하였기에 광대한 상업 도시로 발전했다. 또한 비옥한 평야가 펼쳐져 있어 곡식과 과일이 풍부했다. 바울은 제1차 전도 여행 중에 이곳에서 유대인과 헬라의 허다한 무리를 개종시켰다(행 14:1). 핍박을 받기도 하였으나 믿는 자들이 많이 생겨서 교회를 세웠고 장로들을 택하고 위탁했다(행 14:23).

루스드라는 소아시아 남부의 중앙 지역에 있는 한 도시이다. '양의 무리'라는 뜻의 이름을 루스드라는 주변이 비옥하여 농업과 목축업이 발달한 전원 지역이었다. 비시디아 안디옥에서 이고니온으로, 그리고 루스드라와 더베까지 연결되는 로마의 도로망인 '비아 세바스테'(Via Sebaste) 상에 위치하여 이동에 있어서는 유리한 지리적 특성을 가졌다.

　황제 아우구스투스는 루스드라를 로마의 요새지로 만들기 위해 로마 용사들을 그곳으로 이주시켜 부분적으로 로마화되었다. 바울이 루스드라에서 나면서부터 발을 못 쓰는 한 사람을 고치자, 루가오니아 원주민들이 그들의 옛 신들이 현현했다고 바울 일행에게 제사하려는 사건이 일어나기도 했다(행 14:8-18). 바울이 루스드라에서 복음을 전한 결과 바울의 제자 된 자들이 많았고 그들로 인하여 새로운 교회가 만들어졌다. 그곳에서 디모데가 바울의 전도 여행에 동참하게 되었다(행 16:1-3).

　더베는 소아시아 남부 아나톨리아의 중부 지역에 있는 루가오니아 지방의 한 도시로서 로마의 속주인 갈라디아 주에 속했다. 바울은 더베를 두 번 방문하였는데 첫 번째 여행 시에는 많은 제자들을 얻었고(행 14:6, 20), 두 번째 여행 시에는 길리기아에서 루스드라로 가기 위해 경유하는 과정에서 들렀다(행 16:1). 더베 출신의 제자 중에서 바울의 선교 지역에 가장 많이 조력한 자는 가이오다. 그는 바울과 함께 헌금을 모아 예루살렘에 올라갔다(행 20:4). 사도 요한에 의해 버가모의 첫 감독에 임명되었다는 이야기가 전해지고 있다. 더베는 바울과 바나바가 1차 전도 여행 중 핍박을 받지 않은 유일한 곳이다. 그러나 누가는 바울이 더베에서 복음을 전했다고 기록하지만, 그곳에 교회를 세웠다고는 언급하지 않는다(행 14:6-7).

버가는 BC 12-13세기에 세워진 밤빌리아 지방의 도시다. 버가는 리디아 왕국과 페르시아에 점령당했다가 BC 333년에 알렉산더 대왕에 의해 해방되었고 이후 BC 129년에 로마에 속하게 되면서 크게 번영했다. 바울은 1차 전도 여행 때 바나바, 마가와 함께 구브로의 바보 항구를 출발하여 버가에 도착했다. 이곳에서 마가 요한이 바울 전도팀을 떠나 예루살렘으로 돌아갔다(행 13:13). 바울은 버가에 두 번 갔는데 첫 방문 시에는 복음을 전하지 않았지만, 더베에서 사역을 마치고 비시디아 안디옥을 거쳐 버가에 도착했을 때는 전했다(행 14:25). 바울이 처음 방문 시 복음을 전하지 않은 이유가 마가 요한의 이탈로 인한 심적 불편 때문이었는지, 빨리 비시디아 안디옥에 가서 복음을 전하기 위해서였는지는 알 수 없다.

비시디아 안디옥은 고대 비시디아 지역과 브루기아 지역 사이의 경계 지역에 위치하고 있고, 소아시아 남서부 호수 지방에 있는 도시이다. BC 25년 아우구스투스가 이 지역을 갈라디아 지방에 편입시켰고, 디오클레티안 황제는 AD 292년 이곳을 로마의 '피시디아 지방'이라고 선포했다.

당시 비시디아 안디옥은 로마화 과정에서 산업의 중심지였고, 셀루코스 시대에 정착한 큰 유대인 공동체가 있었다. 바울은 유대인 회당에서 유대 역사를 통해 드러난 하나님의 구원 섭리를 선포하면서 예수께서 메시아이시며 우리의 구원자이심을 설교했다. 이것이 성경에 나오는 바울의 첫 번째 설교다. 그러나 그곳에서 유대인들이 경건한 귀부인들과 성내 유력자들을 선동하여 바울과 바나바를 핍박하자 그들을 향하여 발의 티끌을 떨어버리고 이고니온으로 갔다(행 13:51).

빌립보는 마게도냐 지경의 첫 성이다(행 16:12). 바울은 아시아와 서양을 연결하는 에그나티아 대로를 거쳐 네압볼리 항구를 통해 빌립보로 들어갔다. 빌립보는 BC 42년에 로마의 식민지가 되었기에 로마 군인들이 이곳에 정착하여 살았다.

빌립보에는 유대인의 회당이 없었기 때문에 기도처를 찾다가 두아디라 성의 자색 옷감 장사로서 하나님을 경외하는 루디아를 만났다. 그곳에서 유럽 최초의 가정교회가 탄생했다. 바울이 점치는 귀신 들린 여종을 만나 그 속에 있는 귀신을 쫓아내자 더 이상 여종을 통하여 돈을 벌 수 없게 되자 바울과 실라를 시장 거리로 끌고 가서 관원들에게 넘겼고 감옥에 갇혔다. 바울과 실라가 옥중에서 찬송하고 기도하자 지진이 일어나 옥문이 열리고 묶였던 쇠사슬이 풀렸다. 그 일로 간수장이 복음을 믿고 온 가족이 세례를 받았다.

데살로니가는 BC 146년에 로마가 마게도냐의 수도로 결정하였고 총독이 주재했다. BC 42년에는 빌립보 전투 때 옥타비아누스와 안토니우스의 연합군에 가담한 공로로 자유 도시가 되었고 동방과 서방을 잇는 에그나티아 도로가 이곳을 관통하면서 많은 사람들이 모여들어 한때는 20만 명이 거주하는 큰 도시로 발전했다.

바울은 이곳에 도착하여 3주 동안 유대인 회당을 중심으로 복음을 증언하였는데, 경건한 헬라인과 귀부인들이 바울을 따랐지만, 다른 한편으로는 많은 유대인들로부터 핍박을 받았다(행 17:5-9). 야손 일가가 바울 일행에게 숙소를 제공한 이유로 큰 봉변을 당했는데 나중에 야손의 집은 데살로니가 교회가 되었다. 형제들이 밤중에 바울과 실라를 베뢰아로 피신시켰다.

베뢰아는 데살로니가에서 남서쪽으로 약 80km 떨어진 베르미온 산 동쪽 기슭에 있는 마게도냐의 한 도시이다. 비옥한 토지로 농업이 성행하여 도시 사람처럼 대부분 꾸밈이 없었다. 그곳에는 마게도냐인, 로마인, 유대인이 함께 살았다.

바울이 회당에서 복음을 전했다. 그들은 데살로니가의 유대인과 달리 마음이 너그러웠을 뿐 아니라 간절한 마음으로 말씀을 들었기에 믿는 사람들이 많았다(행 17:11). 그런데 데살로니가에 있는 유대인들이 이 소식을 듣고서 베뢰아까지 쫓아와서 무리를 선동하여 소동을 일으키자, 형제들이 바울을 베뢰아에서 아덴으로 인도했다.

아덴은 아티카 반도에 있는 아가야 지방의 도시이다. 에게해에서 약 5km, 고린도에서 약 74km, 데살로니가에서 약 300km 떨어져 있다. 아덴은 고대 도시국가로 시작했는데 BC 431년 펠레폰네소스 전쟁에서 패배하면서 쇠퇴하게 되었고, BC 338년 마게도냐의 빌립에게 정복당했다가 BC 146년에는 로마에 속하게 되었다.

바울이 아덴을 방문했을 당시 쇠퇴하고 있었고 약 3만 명의 인구가 살았다. 그러나 아덴은 소크라테스, 플라톤, 아리스토텔레스, 에피쿠로스, 제논 등 걸출한 철학자를 배출하므로 지대한 영향을 미쳤다. 당시 아크로폴리스를 중심으로 많은 신전이 만들어졌기 때문에 신상의 숫자가 3만 개가 넘었다고 한다.

바울은 우상 숭배에 분개하여 아고라(광장)에서, 아레오바고 언덕에서, 이방인을 대상으로 복음을 증언했다. 아레오바고의 설교는 바울이 사도 회의에서 이방인의 사도로 인정을 받은 후 최초로 한 것이다. 그리고 유대인 회당에서 복음을 전하자, 아레오바고 관원 디오누시오와 다마리라 하는 여자, 그리고 다른 사람들이 예수님을 믿었다(행 17:34). 그런데 사도행전에는 바울이 아덴에 교회를 세웠다는 기록이 없다.

고린도는 그리스, 로마 그리고 아시아를 연결하는 교통, 산업, 상업의 중심지이며 국제 항구 도시였다. 로마와 동방 사이에 위치해 있었고, 해상 교역으로 인하여 인구가 많고 물질이 풍부했기에 매우 타락한 도시였다. 그래서 고린도인처럼 산다는 것은, 악과 범죄로 부도덕한 삶을 산다는 말과 동의어가 되었다.

고린도에는 애굽의 신전들, 그리스 신전들, 아프로디테 신전들이 있었는데 특히 아프로디테 신전에서 일하는 창녀가 천 명이나 되었다. 바울은 고린도가 인구 이동이 매우 급속하므로 헬라 남부 전역을 대상으로 선교하기에 아주 적합한 장소라고 여기고 이곳에서 1년 6개월 동안 머물면서 복음을 전하였다.

바울은 유대인 회당에서 유대인들과 경건한 헬라인들에게 복음을 전했다. 특히 회당 옆에 있는 디도 유스도의 집에서 회당장 그리스보를 비롯해 많은 고린도인들에게 복음을 전하고 세례를 베풀고 교회를 세웠다(행 18:1-11). 유대인들이 회당장 소스데네를 구타한 사건이 발생한 후 고린도를 떠났다.

에베소는 로마 제국의 행정과 교통의 중심지이며 아시아 7교회 중 하나가 있었던 곳으로 현재의 튀르키예 이즈미르에서 80km 떨어진 곳에 위치한 도시이다. 바울 당시 에베소는 약 25만 명이 거주했고, 아시아에서 가장 번영하는 국제적인 상업 도시였으며, 로마 제국에서 로마, 알렉산드리아, 안디옥 다음으로 큰 도시였다.

바울은 AD 53년경 에베소에 들어와서 처음에는 회당에서 3개월 동안 하나님의 나라를 강론하다가 반대에 부딪히자, 별도로 두란노 서원에서 날마다 두 해 동안 강론하자 아시아에 사는 유대인과 헬라인이 모두 주의 말씀을 듣게 되었다(행 19:8-10). 이렇게 열매를 맺을 수 있었던 것은 바울이 단지 에베소에 두 해 동안이나 있었기 때문이 아니라 건물교회를 세우지 않고 제자들에게 복음을 전하고 제자 삼아 가정교회를 세우도록 훈련했기 때문이다.

로마는 바울이 평소 가고 싶었던 도시였다. 그런데 바울은 복음 전도자로 가지 않고 죄수의 몸으로 로마에 입성했다. 처음에는 '마메르티눔'이라는 감옥에 갇혔다. 그러나 바울이 위험인물이 아닐뿐더러 로마 시민권을 갖고 있었으므로 풀어주었다. 그래서 바울은 셋집을 얻어 군인의 감시하에 비교적 자유롭게 하나님의 나라를 전파했다(행 28:30-31).

바울은 약 2년 동안 로마의 한 셋집에서 머물다가 62년 초에 석방되었다. 석방된 후 그가 가려고 했던 스페인으로 갔다 와서 그가 개척한 교회들을 방문한 것으로 보인다. 바울은 다시 감옥에 갇혔고 기독교 대박해(AD 64-67)를 보면서 자기의 죽음을 예상하여 디모데에게 편지를 썼다. 그리고 네로 황제에 의해 AD 67년에 참수당했다.

바울이 이처럼 도시를 중심으로 전도한 이유는 무엇인가?

첫째로, 예수께서 도시 중심의 전도를 하셨기 때문이다. 예수께서 갈릴리에서 복음을 전파하실 때도 베이스캠프는 가버나움이었다. 당시 이곳은 로마 군대가 주둔하고 세관이 있었던 큰 성읍이었다. 마태가 예수님의 제자로 부르심을 받은 곳은 가버나움 세관이다(마 9:9-13).

예수께서 승천하시면서 제자들에게 위로부터 능력을 입힐 때까지 예루살렘 성에 유하라고 하시고(눅 24:49), 예루살렘과 온 유대와 사마리아와 땅 끝까지 이르러 내 증인이 되리라고 하신(행 1:8) 것은 예수께서 예루살렘을 유대인과 이방인을 위한 선교의 시작과 중심지로 삼으셨기 때문이다. 예수께서도 도시를 복음 전도에 있어서 매우 중요한 곳으로 이해하셨다.

둘째로, 도시에는 상대적으로 사람이 많이 살기 때문이다. 어부는 바다나 강에서 고기를 잡을 때 아무 곳에나 그물을 내리지 않는다. 경험이 많은 어부는 고기가 모이는 곳을 알고 그곳에 그물을 던진다. 복음 전도는 영적으로 고기를 잡는 것과 같다. 그래서 예수께서도 제자들을 부르시면서 "내가 너희를 사람 낚는 어부가 되게 하리라"(마 4:19)고 하신 것이다. 따라서 어부가 고기가 많은 곳에 그물을 던지듯이, 사람이 많은 곳에서 복음을 전하는 것은 당연하다. 바울이 앞서 열거한 도시를 중심으로 복음을 전한 것은 바로 이 때문이다.

그렇다고 사람이 상대적으로 적은 곳에서는 복음을 전하지 말아야 한다는 뜻은 아니다. 두 곳 중 어느 하나를 먼저 선택해야 한다면 도시에서 복음을 전해야 한다는 뜻이다. 하나님께서는 모든 사람이 다 구원받기를 원하신다(딤전 2:4).

셋째로, 상대적으로 도시가 복음의 수용성이 높기 때문이다. 물론 도시마다 성격이 다를 뿐 아니라 개개인에 따라 다르다. 같은 도시에 살아도 복음을 쉽게 받아들이는 사람이 있는가 하면 강하게 저항하는 사람도 있다. 그러나 일반적으로 도시 지역은 비도시 지역보다 복음에 수용적이다. 왜 그런가? 도시는 접촉하는 사람이 많아 외부의 것을 받아들이는 데 익숙하기 때문이다. 바울이 도시를 중심으로 복음을 전파한 것은 바로 이 때문이다.

넷째로, 모든 도시가 연결되어 있었기 때문이다. 바울은 성령의 인도를 받아 복음을 전했지만, 가는 도시마다 중심지를 찾았고, 그곳을 중심으로 복음을 전했다. '모든 길은 로마로 통한다'는 말처럼, 로마는 광대한 제국을 효과적으로 관리하기 위해 도로를 정비했고, 이는 도시 간 연결을 더욱 촘촘하게 만들었다. 따라서 한 도시에 교회가 세워지면 그 주변 도시도 쉽게 복음화될 수 있다. 바울이 한 곳에서 핍박을 받으면 다른 곳으로 옮겼는데, 그가 옮겨

간 곳은 모두 도시였다. 도시에 교회를 설립하면 그 교회를 중심으로 주변 지역으로 자연스럽게 번져나갈 수 있었다.

바울이 도시 중심으로 복음을 전한 것은 단순한 생활의 편리함 때문이 아니다. 무엇보다 한 도시가 복음화되면 인근 지역의 복음화를 부채질할 수 있었기 때문이다. 바울은 이 도시에서 저 도시로 계속 이동하며 복음을 전하면 결국 로마 제국 내 모든 곳에 복음을 전할 수 있다고 확신했다.

다섯째로, 죄악이 밀집된 도시일수록 하나님의 심판이 먼저 임했기 때문이다. 창세기는 노아 홍수 심판 이야기를 전개하면서 인류의 번성과 죄악의 관계를 언급한다(창 6:1-5). 아담의 후손은 나면서부터 죄인이므로 사람이 많이 모일수록 죄악의 총수도 많아질 수밖에 없다. 인구 밀집 지역일수록 범죄율이 높다는 통계도 이러한 현실을 보여준다.

죄에는 반드시 하나님의 심판이 따른다. 소돔, 고모라, 여리고, 가사, 아스글론, 아스돗, 에그론과 같은 블레셋의 주요 도시들과 모압, 암몬, 구스, 앗수르 등 주변 나라와 그 도시들이 심판을 받은 것은 죄 때문이다. 따라서 한 명이라도 더 많은 사람을 하나님의 심판에서 벗어나게 하려면, 사람들이 많이 모여 사는 도시에서 먼저 복음을 전해야 한다.

03_사명을 가지고 복음을 전했다

일반적으로 사람들은 전도와 사명 중에서 전도를 더 중요하게 여기는 경향이 있다. 예를 들어 '전도는 사명이다', '전도의 사명', '전도 사명', '전도는 모두의 사명', '세계 전도와 우리의 사명' 등으로 표현한다. 그러나 필자는 전도보다 사명을 앞세워 '사명 전도'라고 부른다. 이렇게 표현하는 이유는 바울이 사명을 전도보다 앞세웠기 때문이다. 바울은 밀레도에서 에베소 장로들에게 이렇게 말한다.

> 내가 달려갈 길과 주 예수께 받은 사명 곧 하나님의 은혜의 복음을 증언하는 일을 마치려 함에는 나의 생명조차 조금도 귀한 것으로 여기지 아니하노라 행 20:24

이는 바울이 예수님께 받은 사명, 곧 은혜의 복음을 증언하는 일을 완수하기 위해 자신의 생명조차 아끼지 않았다는 의미이다. 즉 바울이 복음을 전한 것은 이를 자신의 사명으로 인식했기 때문이다.

사람들이 전도하는 이유는 매우 다양하다. 어떤 이들은 주님의 마지막 당부 때문이라고 하고, 어떤 이들은 그리스도인의 의무이기에, 또는 전도하지 않으면 화를 당하기에 전도한다고 말한다. 또한 어떤 이들은 주님의 명령이기 때문이거나 장차 천국에서 받을 상을 기대하기 때문이라고 한다. 그러나 이러한 이유만으로는 전도를 지속적으로 실천하기 어렵다. 전도를 지속적으로 실천하려면, 그것을 자신의 사명으로 여겨야 한다. 사명은 단순한 의무나 보상보다 훨씬 강력한 동기를 부여하기 때문이다.

한동안 많은 그리스도인이 애창한 '사명'이란 복음 성가가 있다. "주님이 홀로 가신 그 길 나도 따라가오. 모든 물과 피를 흘리신 그 길을 나도 가오. 험한 산도 나는 괜찮소. 바다 끝이라도 나는 괜찮소. 죽어가는 저들을 위해 나를 버리길 바라오. 아버지 나를 보내주오. 나는 달려가겠소. 목숨도 아끼지 않겠소. 나를 보내주오."

이 가사는 우리도 예수님처럼 주어진 사명을 위해 목숨까지 바칠 각오를 해야 함을 일깨워 준다. 바울이 세 차례 전도 여행을 다니고 로마에서 복음을 증언하다 순교한 것은, 예수께서 자신에게 전도의 사명을 주셨음을 확신했기 때문이다.

> 주께서 이르시되 가라 이 사람은 내 이름을 이방인과 임금들과 이스라엘 자손들에게 전하기 위하여 택한 나의 그릇이라 행 9:15

바울은 아나니아를 통해 들은 말씀대로, 이방인과 임금들, 이스라엘 자손에게 복음을 전하는 것을 자신의 가장 중요한 사명으로 여겼다(고전 9:16). 그는 다메섹에서 거듭난 후 곧바로 복음을 전하였다. 그리고 복음을 전하기 시작하자마자 핍박을 받았고, 순교에 이르기까지 그 고난은 멈추지 않았다.

성경은 바울이 복음을 전하면서 숱한 핍박을 받았다고 이곳저곳에서 소개하지만, 특히 고린도 교회에 보낸 편지에서 그가 복음 전도로 인해 얼마나 큰 고난을 겪었는지를 알 수 있다.

> 바로 이 시각까지 우리가 주리고 목마르며 헐벗고 매맞으며 정처가 없고 또 수고하여 친히 손으로 일을 하며 모욕을 당한즉 축복하고 박해를 받은즉 참고 비방을 받은즉 권면하니 우리가 지금까지 세상의 더러운 것과 만물의 찌꺼기같이 되었도다 고전 4:11-13
>
> 우리가 사방으로 우겨쌈을 당하여도 싸이지 아니하며 답답한 일을 당하여도 낙심하지 아니하며 박해를 받아도 버린 바 되지 아니하며 거꾸러뜨림을 당하여도 망하지 아니하고 우리가 항상 예수의 죽음을 몸에 짊어짐은 예수의 생명이 또한 우리 몸에 나타나게 하려 함이라 우리 살아 있는 자가 항상 예수를 위하여 죽음에 넘겨짐은 예수의 생명이 또한 우리 죽을 육체에 나타나게 하려 함이라 그런즉 사망은 우리 안에서 역사하고 생명은 너희 안에서 역사하느니라 고후 4:8-12

필자가 이렇게 바울이 복음 때문에 고난받은 구절을 소개하는 이유가 있다. 이 구절들을 읽을 때마다 깊은 은혜와 함께 세 가지를 생각하게 되기 때문이다.

첫째로, 왜 그렇게 순종했음에도 불순종한 이들보다 더 큰 고난을 받아야 했는가? 바울은 그의 잘못으로 고난받지 않고 오로지 복음을 전하는 일로 고난을 받았다. 바울이 자신이 잘못하지 않았어도 기꺼이 고난받은 것은 주의 은혜로 구원을 받았으므로 주님을 위해 고난받는 것을 지극히 당연하다고 생각했기 때문이다(빌 1:29).

둘째로, 바울은 주께서 가장 기뻐하시는 영혼 구원하는 일에 죽도록 충성하는데 왜 순종하지 않는 이들보다 더 큰 고난을 받았는가? 세상에서 바울만큼 주님을 기쁘시게 한 사람을 찾기는 매우 어렵다. 아무리 애써 찾아보아도 그와 같은 이를 찾을 수 없다. 이에 대해 바울은 다음과 같이 설명한다. "형제들아 우리가 아시아에서 당한 환난을 너희가 모르기를 원하지 아니하노니 힘에 겹도록 심한 고난을 당하여 살 소망까지 끊어지고 우리는 우리 자신이 사형 선고를 받은 줄 알았으니 이는 우리로 자기를 의지하지 말고 오직 죽은 자를 다시 살리시는 하나님만 의지하게 하심이라"(고후 1:8-9). 바울은 복음으로 인해 당하는 고난은 오직 하나님만 의지하게 하라는 하나님의 음성으로 들었다.

셋째로, 바울은 복음 때문에 고난받을 때마다 무엇을 생각했을까? 바울은 주를 위한 고난이 천국의 상과 직결된다는 믿음으로 장차 받을 영광을 바라보았다. "생각하건대 현재의 고난은 장차 우리에게 나타날 영광과 비교할 수 없도다"(롬 8:18).

이런 사실은 빌립보서 3장 12-14절을 통해 더욱 명확해진다. "내가 이미 얻었다 함도 아니요 온전히 이루었다 함도 아니라 오직 내가 그리스도 예수께 잡힌 바 된 그것을 잡으려고 달려가노라 형제들아 나는 아직 내가 잡은 줄로 여기지 아니하고 오직 한 일 즉 뒤에 있는 것은 잊어버리고 앞에 있는 것을 잡으려고 푯대를 향하여 그리스도 예수 안에서 하나님이 위에서 부르신 부름의 상을 위하여 달려가노라."

바울이 이렇게 복음으로 말미암아 숱한 고난을 당했지만 끝까지 복음을 전할 수 있었던 이유는 무엇인가? 그가 복음 전도하는 것을 그의 우선적인 사명으로 생각했기 때문이다. 즉 그가 '사명 전도'를 했기 때문이다. 예수께서 십자가에 못 박혀 죽으실 수 있었던 것도 전도를 자신의 사명으로 생각하셨기 때문이다. "인자가 온 것은 잃어버린 자를 찾아 구원하려 함이니라"(눅 19:10; 막 1:38 참조).

복음 전도는 바울뿐 아니라 모든 그리스도인에게 주어진 사명이다. 하나님께서 우리를 부르신 목적은 복음 전도다. 따라서 모든 그리스도인은 전도를 자신의 사명으로 인식해야 한다. 베드로전서는 이러한 사실을 분명히 밝히고 있다.

> 그러나 너희는 택하신 족속이요 왕 같은 제사장들이요 거룩한 나라요 그의 소유가 된 백성이니 이는 너희를 어두운 데서 불러 내어 그의 기이한 빛에 들어가게 하신 이의 아름다운 덕을 선포하게 하려 하심이라
> 벧전 2:9

바울처럼 우리도 복음 전도에 대한 인식을 가져야 한다. 전도는 우리의 절대적 사명이다. 우리는 전도를 위해 태어났다. 우리가

울이 바울과 바나바를 불러 하나님의 말씀을 듣고자 하자 유대인 거짓 선지자인 마술사 바예수가 이를 방해했다. 그러자 바울이 그에게 얼마 동안 해를 보지 못하리라고 말했더니 즉시 맹인이 되었고, 총독이 예수님을 믿었다(행 13:12). 이고니온에서는 표적과 기사를 행하며 담대히 복음을 전했다(행 14:3). 루스드라에서는 발을 쓰지 못하는 장애를 가진 사람에게 '네 발로 바로 일어서라'고 명령하자 즉시 고침을 받는 기적이 일어났다(행 14:10). 또한 빌립보에서는 점치는 귀신 들린 여종을 만났는데, 그녀 안에 있는 귀신을 나오라고 명령하자 즉시 귀신이 나오는 기적이 일어났다(행 16:16-18).

바울의 선교 사역 중 가장 사랑과 관심을 쏟았던 곳은 에베소다. 바울은 그곳에서 약 2년 3개월 동안 주의 말씀을 전하고 가르치고 병든 자를 고치고 귀신을 쫓았다(행 19:9-19). 바울이 이렇게 한 것은 예수님과 같이 복음을 가르치고 전파하며 치유하는 세 가지 사역을 감당했다는 뜻이다. 특히 병든 자를 고치고 귀신을 쫓아낸 것은 능력 전도를 했다는 증거다.

바울은 드로아에 한 주간 머물다가 그 이튿날 떠나려고 했으므로, 한밤중까지 말씀을 전했다. 바울이 강론을 오래 하자 창에 걸터앉아 말씀을 듣던 유두고라는 청년이 졸음을 이기지 못하여 3층에서 떨어져 죽었다. 그런데 바울이 내려가서 그를 위하여 기도하자 죽은 유두고가 살아나는 기적이 일어났다(행 20:7-12).

바울이 로마로 항해하던 중 '유라굴로'라는 광풍을 만나 배가 표류하며 14일 동안 표류하며 고생했지만, 276명 모두 멜리데 섬에 무사히 상륙하여 생명을 건졌다. 오늘날은 '몰타'라고 불린다. 마침 비가 오고 날이 추워서 멜리데 섬 사람들이 그들을 동정하여 불을 피웠다. 그런데 바울이 나무 한 묶음을 거두어 불에 넣었는데 독사가 갑자기 나와 바울의 손을 물었다. 일반적으로 독사에 물리면 즉사하지만, 바울은 죽지도 않고 전혀 상처도 입지 않았다. 이에 원주민들은 바울을 신이라고 불렀다.

얼마 후 멜리데 섬에서 가장 높은 보블리오가 그들을 영접하여 자신의 집에서 사흘 동안 친절히 머물게 했다. 바울이 보블리오의 부친이 열병과 이질을 앓는 것을 보고서 기도하고 안수하자 즉시 나음을 입었다. 바울은 멜리데 섬에서도 능력 전도를 했다.

바울이 다메섹 도상에서 부활하신 예수님을 만난 후 계속해서 능력 전도를 한 것은 예수께서 그렇게 하셨기 때문이다. 우리도 바울처럼 성령의 나타남과 능력으로 복음을 전해야 한다. 특별히 유대인들에게는 이렇게 복음을 전해야 한다. 왜냐하면 유대인들은 표적을 구하기 때문이다(고전 1:22).

2023년 1월 14일, 알리야(전 세계에 흩어진 디아스포라 유대인들의 귀환 운동)로 이스라엘에 와서 정착하는 과정에서 어려움을 겪고 있는 디아스포라 유대인들을 섬겼다. 요단강 세례 터에서 잠시 쉬는 시간을 이용하여 복음을 전했다. 복음을 전하고 예수님을 구주로 영접하실 분은 손을 들라고 했다. 그러나 한 사람도 들지 않았다.

반면에 육신의 질병을 가진 분이나 이런저런 문제가 있는 분들을 위해 특별히 안수 기도하면 기적이 일어난다고 하자, 말이 끝나자마자 10여 명이 앞다투어 나왔다. 유대인들이 얼마나 표적을 좋아하는지를 직접 두 눈으로 볼 수 있었다.

물론 표적을 보았다고 모두 예수님을 믿는 것은 아니다. 예수님 당시에도 사람들이 수많은 표적을 보았지만, 믿는 사람은 그리 많지 않았다. 그러나 분명한 사실은 표적을 행하는 경우가 행하지 않는 경우보다 예수님을 믿을 확률이 훨씬 높다는 것이다. 따라서 이왕 복음을 전하려면 말로만 전하지 말고 성령의 능력으로 전해야 한다(막 16:20).

어떻게 하면 우리도 바울처럼 성령의 나타남과 능력으로 전도할 수 있는가? 무엇보다 성령 충만을 받아야 한다. 일반적으로 성령 충만을 받기 위해서는 성령을 간절히 사모하고 열심히 기도해야 한다고 가르쳤고 배웠다. 그런데 실제로 성령 충만한 그리스도인을 만나기란 쉽지 않다.

필자는 이를 고민하고 기도하던 중 초대교회가 어떻게 성령으로 충만하게 되었는지를 알려고 성경을 읽다가 그 비법을 깨달았다. 누가는 예루살렘 교회가 성령의 능력으로 폭발적으로 성장해 가던 중 교회 안에 문제가 발생했다고 말한다. 즉 헬라파 유대인들이 그들의 과부가 매일 구제에 빠지자 히브리파 유대인들을 원망했다(행 6:1). 이에 사도들은 모든 제자를 불러서 그들 가운데서 성령과 지혜가 충만한 사람을 뽑으면 그들에게 구제 사역을 맡기고 자기들은 기도하는 일과 말씀 사역에 힘쓰겠다고 했다. 제자들은 이를 기뻐하여 믿음과 성령이 충만한 사람 일곱을 뽑았다.

당시 어떻게 예루살렘 교회에 지혜와 성령이 충만한 제자들이 있었을까? 이를 알려면 사도행전 6장 이전에 예루살렘 교회가 무엇에 집중했는지를 살펴보면 된다. 이는 사도행전 5장 42절을 보면 알 수 있다. "그들이 날마다 성전에 있든지 집에 있든지 예수는 그리스도라고 가르치기와 전도하기를 그치지 아니하니라." 이는 사도들이 성도들에게 날마다 성전(대그룹)에 있든지 집(소그룹)에 있든지 예수는 그리스도라고 가르치고 전도하도록 훈련했다는 뜻이다. 사도들이 이렇게 훈련하자 예루살렘 교회가 성령으로 충만하게 된 것이다.

여기서 한 가지 의문이 들 수 있다. 어떻게 예수는 그리스도라고 가르치고 전도하도록 훈련한다고 성령으로 충만해지게 되느냐는 것이다. 예수는 그리스도라고 가르치고 전하려면 우선 자신이 예수께서 자신의 죄를 대신하여 죽으시고 부활하신 사실, 즉 복음을 믿어야 한다. 이를 믿지 않으면 결코 다른 사람에게 예수는 그리스도라고 가르치고 전할 수 없다. 어떻게 이미 죽은 자가 다시 살아났다는 것을 믿을 수 있는가? 따라서 예수께서 죽었다가 다시 살아나셨음을 믿는다는 것은 보통 믿음이 큰 게 아니다. 그렇다. 이 세상에서 가장 큰 믿음은 죽은 자가 다시 살아난 것을 믿는 것이다.

그렇다면 날마다 예수께서 자신의 죄를 대신하여 죽으시고 부활하신 것을 믿는다고 고백하면 어떻게 되겠는가? 믿음은 들음에서 나고 들음은 그리스도의 말씀으로 말미암기에 믿음이 충만해진다. 믿음으로 충만한 것은 곧 성령 충만한 것이다(행 6:3, 5). 따라서 우리가 바울과 초대교회처럼 날마다 예수는 그리스도라고 가르치고 전도하는 것을 반복하면 성령으로 충만해지는 것이다.

'D3전도중심제자훈련'에서는 예수는 그리스도라고 가르치도록 훈련하는 '온가족튼튼양육 제1과'와 예수는 그리스도라고 전하도록 훈련하는 '3분복음메시지'를 만들었다. 따라서 '온가족튼튼양육 제1과'와 '3분복음메시지'를 반복적으로 실천하면 성령으로 충만해질 수 있다.

바울이 성령의 능력으로 복음을 전한 것처럼 지구촌 곳곳에서 평신도들이 '3분복음메시지'와 '온가족튼튼양육 제1과'를 반복적으로 실천하여 성령의 능력으로 복음을 전하고 가르쳐 제자 삼고 가정교회를 개척하고 있다.

그 가운데 얼마 전, 데이비드 킴(이스라엘 D3디렉터)로부터 보내온 소식을 소개한다.

"'3분복음메시지'는 이스라엘 내에서 가장 활발하게 활용되고 있으며, 복음의 핵심을 효과적으로 전한다. 특별히 '케어 기버'로 섬기는 아시아인들 가운데 필리핀 사람들이 가장 활발하게 활동하고 있는데, 알렌 목사의 인도로 5개 지역에서 모이고 있는 예배 공동체에서는, 예배 때마다 '3분복음메시지'를 암송할 뿐만 아니라 삶 속에서 그것을 통해 복음을 전하고 있다.

특히 네타냐(Netanya) 지역에서는 'D3전도중심제자훈련'을 통해 3세대까지 제자가 재생산되고 있으며, 그들의 예배에 몇몇 유대인들이 함께하고 있다. 이주한 유대인들에게는 거부감 없이 잘 받아들여지고 있으나, 본토 유대인들은 그들의 특유한 민감성 때문에 이를 반가워하지 않는 경우도 있다."

이 책의 마지막 교정을 보던 중, 러시아 D3 디렉터 서지태 선교사님으로부터, 스페인 발렌시아 제자들교회 담임인 이고리 목사님 소식을 전해 들었다. 몇 달 전, 서 선교사님이 이고리 목사님이 유대인 목사지만 제자훈련에 대한 관심이 많다며 적극적으로 추천을 해서 발렌시아로 가서 제343차 'D3전도중심제자훈련' 세미나(2025.4.17.-24)를 진행했다. 그런데 이고리 목사님의 제자훈련에 임하는 자세가 남달라, 필자는 "D3로 수개월 안에 열매를 맺으시면 10월경이라도 다시 와서 훈련을 이어가겠습니다"라고 약속했다. 불과 4개월도 채 지나지 않아, 다음과 같은 놀라운 열매를 맺었다는 소식이 전해졌다.

"스페인의 이고리 목사님이 10월경 목사님께서 다시 오실 수 있다고 하신 말씀을 기억하며, 실제로 오실 수 있는지를 자주 묻습니다. 목사님을 간절히 기다리고 있다고 합니다. 벌써 '3분 복음 메시지'로 전도하여 곧 3명이 세례를 받을 예정이며, 교회 내 모든 교인이 'D3전도중심제자훈련'을 받고 있다고 합니다."

전도는 누구를 대상으로 하든 어렵다. 그중에서도 유대인 전도는 가장 어렵다. 왜냐하면 유대인들은 예수님을 거짓 메시아로 생각하기 때문이다. 그럼에도 평신도들이 '3분 복음 메시지'를 통해 복음을 전하고, 유대인들이 주님께 돌아오고 있다는 사실은 놀랍다.

05_땅끝까지 복음을 전했다

먼저 성경에서 '땅끝'이라는 단어가 얼마나 자주 등장하는지 알아보자. 구약 성경에는 40회, 신약 성경에는 6회 등장한다. 그런데 '땅끝'이 복음을 전파하여 구원을 받게 한다는 의미로 사용된 경우는 구약 성경은 네 곳이고(사 38:20; 49:6; 52:10; 62:11), 신약 성경은 세 곳에(행 1:8; 13:47; 롬 10:18) 불과하다. 이 중에서 예수께서 '땅끝'을 이와 동일한 의미로 사용하신 곳은 사도행전 1장 8절이다. "오직 성령이 너희에게 임하시면 너희가 권능을 받고 예루살렘과 온 유대와 사마리아와 땅끝까지 이르러 내 증인이 되리라 하시니라."

예수께서 말씀하신 '땅끝'은 헬라어로 '에스카투'(eskatu)이다. 이 단어는 공간적으로는 '가장 먼', 시간적으로는 '마지막', 계층적으로는 '가장 낮은'을 의미한다. 당시 예루살렘과 온 유대는 이스라엘 사람이 사는 지역이고, 사마리아는 이스라엘과 이방의 혼혈인이 사는 곳이며, 땅끝은 이스라엘 밖의 지역을 뜻한다. 따라서 '땅끝까지 이르러 내 증인이 되리라'는 것은 복음을 가장 먼 곳까지, 마지막 심판의 날까지, 모든 사람에게 전파하게 될 것이라는 뜻이다. 이는 예수께서 천국 복음이 모든 민족에게 전파되어야 오리라고 말씀하신 것(마 24:14)과 모든 민족을 제자 삼으라고 말씀하신 것(마 28:19-20)과 일맥상통한다.

그러면 바울은 땅끝을 어떻게 이해했는가? 이는 누가의 기록을 통해 엿볼 수 있다. 누가는 사도행전의 서두에서 예수께서 "오직 성령이 너희에게 임하시면 너희가 권능을 받고 예루살렘과 온 유대와 사마리아와 땅끝까지 이르러 내 증인이 되리라 하시니라"(행 1:8)고 말씀하셨다고 기록한다. 따라서 사도행전의 말미에서 이 약속이 어떻게 성취되었는지를 다루는 것은 매우 자연스럽다.

그런데 누가는 사도행전의 끝부분을 어떻게 맺는가? 바울이 로마에 도착하여 가장 먼저 유대인 중에 높은 사람들을 초청하여 자신이 그곳에 죄수의 몸으로 오게 된 이유를 설명하고 날짜를 정하여 그들에게 하나님의 나라를 증언하고 구약 성경으로 예수를 믿도록 권하였다. 그러나 그들 중에 믿는 자도 있었지만 믿지 않는 자도 있었다.

그러자 바울은 "하나님의 구원이 이방인에게로 보내어진 줄 알라 그들은 그것을 들으리라"(행 28:28)고 했다. 따라서 우리는 누가를 통하여 바울이 땅끝을 크게 두 가지 의미로 이해했음을 알 수 있다. 하나는 유대인이 사는 곳이고, 다른 하나는 이방인이 사는 곳이다.

혹자는 바울이 비시디아 안디옥에서 말한 것에 근거하여 그가 땅끝을 이방인이 사는 곳으로 이해했다고 주장한다. 바울이 비시디아 안디옥에 이르러 안식일에 회당에서 복음을 전하자, 유대인과 유대교에 입교한 경건한 사람들 다수가 바울과 바나바를 따랐고 온 시민이 하나님의 말씀을 듣고자 모여들었다. 그러자 유대인들은 이를 시기하여 바울을 비방하였다. 이에 바울은 유대인들이 영생을 얻기에 합당하지 않은 자로 자처하기에 이방인에게로 가겠다고 하면서 다음과 같이 말했다. "주께서 이같이 우리에게 명하시되 내가 너를 이방의 빛으로 삼아 너로 땅 끝까지 구원하게 하리라 하셨느니라 하니 이방인들이 듣고 기뻐하여 하나님의 말씀을 찬송하며 영생을 주시기로 작정된 자는 다 믿더라"(행 13:47-48).

이는 바울(바나바)이 이사야 49장 6절의 일부를 인용한 것이다. "그가 이르시되 네가 나의 종이 되어 야곱의 지파들을 일으키며 이스라엘 중에 보전된 자를 돌아오게 할 것은 매우 쉬운 일이라 내가 또 너를 이방의 빛으로 삼아 나의 구원을 베풀어서 땅 끝까지 이르게 하리라."

한마디로 이는 여호와의 종 메시아에 대한 사명을 말한 것이다. 즉 하나님께서 그리스도를 보내신 것은 이스라엘뿐 아니라 이방인들까지 주께로 돌아오게 하기 위해서라는 뜻이다. 그런데 유대인들이 복음을 거절하자 바울이 이사야 49장 6절 중에서 하반절만 인용하여 이방인을 구원하는 사명을 받았다고 말한 것이다.

따라서 사도행전 13장 47-48절만 보면 바울이 '땅끝'을 단지 이방인들이 사는 곳으로 이해한 것처럼 보일 수 있다. 그러나 바울이 이렇게 말한 것은 유대인들이 복음을 거절한 것에 대한 강한 항의의 표현이지 유대인을 포기하고 이방인에게만 복음을 전하겠다고 말한 것은 아니다.

이는 바울이 이렇게 말한 후에도 계속해서 유대인들에게 복음을 전한 것만 봐도 알 수 있다. 바울은 다메섹 도상에서 주님을 만날 때 아나니아를 통하여 이방인뿐 아니라 이스라엘을 구원하는 사명을 받은 것을 알고 있었기 때문에 땅끝을 유대인뿐 아니라 이방인에게까지 복음을 전하는 것으로 이해한 것으로 보아야 한다 (행 9:15).

이런 사실은 바울이 서바나로 갈 계획을 한 것을 통해서도 다시 한번 확인할 수 있다. 바울은 로마를 거쳐 서바나로 갈 계획을 했다. 서바나는 오늘날로 말하면 지중해 서쪽 끝에 있는 스페인을 뜻한다. 스페인은 로마의 장군 스키피오(Scipio Africanus, BC 236-183)가 페니키아 왕 한니발을 물리침으로써 로마의 땅이 되었고, 그곳에 거점을 두었다.

바울이 서바나를 가려고 했던 이유는 크게 두 가지 때문이다. 하나는 당시 서바나를 '땅끝'이라고 여겼기 때문이다. 다른 하나는 유대인들이 서바나에 많이 살고 있다는 이야기를 들었기 때문이다. 바울이 당시 사람들이 '땅끝'이라고 알고 있고 유대인이 살고 있는 스페인까지 가서 복음을 전하려고 한 것은 '땅끝'을 단지 장소의 개념이 아니라 이방인과 유대인 모두에게 복음을 전하는 것으로 이해했음을 알 수 있다.

참고로, 바울이 로마에서 땅끝인 스페인으로 갔는가? 사실 성경에는 바울이 스페인에 가겠다는 의사를 밝혔을 뿐, 실제로 그곳에 갔다는 기록은 없다. 따라서 바울이 실제로 서바나에 가서 복음을 증거했는지는 정확히 알 수 없다.

혹자는 AD 1세기 말 교부 로마의 클레멘트(Clement of Rome)가 쓴 '고린도 교인들에게 보내는 편지'에 바울이 서방의 끝에 도착하여 통치자들 앞에서 복음을 증언했다는 기록과 스페인으로 갈 때 클레멘트와 작별했다는 기록이 클레멘트 서신에 나온 것을 근거로 서바나에 갔다고 주장한다.

혹자는 바울이 로마 교회는 방문했지만 서바나는 가지 않았다고 주장한다. 대표적인 학자는 성경학자 윌리엄 람세이(William Ramsay)다. 그는 바울이 로마에서 석방되자 스페인으로 가지 않고 그레데와 에베소와 마케도니아와 니고볼리로 갔다고 주장한다.

그런데 이영철(D3 튀르키예 디렉터)은 그의 저서 《바울의 영성과 제자 양육》(쿰란출판사, 2024)에서 제3의 견해를 제시한다. "옛날 바벨론 포로 시절, 유대인들이 바벨론에서 북아프리카, 모로코를 지나 지브롤터 해협을 거쳐 스페인에 들어가서 살았던 지역을 '스바랏'(Sefarat)이라고 한다(옵 20). 아마도 바울은 유대인이 로마의 서쪽 땅끝이라고 할 수 있는 스바랏에 살고 있다는 이야기를 듣고 오늘날 세비야라고 불리는 스바랏까지 가서 복음을 전했을 것이다. 그리고 스페인에 가서 1년 정도 사역하고 로마로 돌아와서 선교 보고를 한 후, 그가 전에 세웠던 교회들을 갔을 것이다. 특별히 그는 빌립보와 골로새 교회를 방문했을 것이다. 왜냐하면 그가 복음을 전했던 교회들의 상황을 살피고자 했지만 가이사랴와 로마에서 각각 2년씩 4년 동안이나 갇혀 있었기에 갈 수 없었기 때문이다." 즉, 이영철은 스페인에도 갔고 그가 세웠던 교회도 갔다고 주장한다. 필자도 이 주장에 전적으로 동의한다.

앞서 살펴본 대로 바울은 '땅끝'을 유대인과 이방인 모두에게 복음을 전하는 곳으로 이해하고 그들을 찾아가서 복음을 전했다. 그가 이렇게 한 것은 크게 두 가지 이유 때문이다. 첫째로, 천국 복음이 온 세상에 전파되어야만 예수께서 재림하시기 때문이다(마 24:14). 바울은 당대에 자신이 땅끝까지 복음을 증거함으로써 예수께서 다시 오실 것을 확신했다. 둘째로, 예수께서 온 천하에 다니시며 만민에게 복음을 전파하라고 명령하셨기 때문이다(막 16:15).

성경에서 '땅끝'은 단순히 지구의 가장 먼 지점을 의미하는 것이 아니라, 복음이 아직 도달하지 않은 모든 지역과 인종, 언어, 문화권을 초월하여 모든 사람들이 하나님을 알게 되는 지점을 의미한다. 즉 지리적인 '끝'뿐만 아니라 문화적, 언어적, 사회적인 경계를 넘어선 모든 곳을 포함한다. 한마디로 땅끝은 복음이 전해지는 곳이다.

하나님의 꿈은 한 사람도 멸망치 않고 구원을 받는 것이다. 이 꿈은 우리가 복음을 전할 때 이루어지므로 땅끝이 어디인지를 논쟁만 하지 말고 바울이 그랬던 것처럼 한 영혼이라도 더 구원하기 위해 힘써야 한다.

PART
6

바울은
자신의 전도를
어떻게 설명했는가?

PART 6

01_기도로 전도했다
02_교회 개척 전도를 했다
03_협력하여 전도했다
04_자비량으로 전도했다
05_눈높이에 맞춘 전도를 했다

바울은
자신의 전도를
어떻게 설명했는가?

01_기도로 전도했다

서신서에 나타난 바울의 전도에서 두드러진 첫 번째 특징은 기도다. 바울이 기도하고 전도한 것은 예수께서 전도하시기에 앞서 기도하셨기 때문이다. 물론 서신서(사도행전 포함하여)를 볼 때 문자적으로 바울이 예수님처럼 전도하기에 앞서 기도했다는 구절은 찾아볼 수 없다.

그런데 바울이 예수님처럼 전도하기 전에 기도했음을 충분히 짐작할 수 있는 말씀은 서신서 곳곳에서 발견할 수 있다. 예를 들어 기도에 항상 힘쓰라고 권하고(롬 12:12), 항상 성령 안에서 기도하라고 권하며(엡 6:18), 아무것도 염려하지 말고 모든 일에 기도하라고 권하고(빌 4:6), 기도를 그치지 않았다고 하며(골 1:9), 항상 하나님께 감사하며 기도했다고 한 것(살전 1:2; 몬 1:4) 등을 통해 알 수 있다.

특별히 바울이 에베소 교회와 골로새 교회에 전도를 위해 기도를 부탁한 것에 비추어 보면 이는 더욱 분명해진다.

> 또 나를 위하여 구할 것은 내게 말씀을 주사 나로 입을 열어 복음의 비밀을 담대히 알리게 하옵소서 할 것이니 이 일을 위하여 내가 쇠사슬에 매인 사신이 된 것은 나로 이 일에 당연히 할 말을 담대히 하게 하려 하심이라 엡 6:19-20
> 또한 우리를 위하여 기도하되 하나님이 전도할 문을 우리에게 열어 주

사 그리스도의 비밀을 말하게 하시기를 구하라 내가 이 일 때문에 매임
을 당하였노라 그리하면 내가 마땅히 할 말로써 이 비밀을 나타내리라
골 4:3-4

당시 바울이 이 편지를 에베소 교회와 골로새 교회에 보낼 때
는 로마 감옥에 갇혀 있었다. 이런 상황에서 바울이 그들에게 부탁
한 기도 제목은 무엇인가? 바울은 자신이 감옥에서 풀려날 수 있
도록 기도를 부탁하지 않았다. 쇠사슬에 매인 상황에서도 전도의
문이 열려서 담대히 복음의 비밀을 전할 수 있도록 기도를 요청했다.

바울이 옥중에서 전도를 위해 기도를 부탁한 것을 통해 무엇을
알 수 있는가? 그가 복음을 전하는 일에 있어서 다른 사람의 기도
가 필요하다는 것을 알고 있었다는 것이다. 그렇다. 복음을 전하려
면 전도자 자신도 기도해야 하지만 다른 사람의 기도 역시 필요하
다. 이는 마치 전쟁에 승리하기 위해서는 전방의 전투만으로는 부
족하고 후방의 지원이 절대적으로 필요한 것과 같다.

마귀는 자기의 자녀를 빼앗기지 않기 위해 복음 전도자를 치
열하게 공격한다. 복음을 전할 때보다 영적으로 강하게 마귀의 공격
을 받는 일은 없다. 마귀의 공격을 방어하는 최상의 무기는 기도다.
예수께서 마귀가 제자들을 밀처럼 체질하려고 할 때 그들의 믿음
이 떨어지지 않도록 기도하신 것은 바로 이 때문이다(눅 22:31-32).

바울은 영적 전쟁에서 기도가 얼마나 중요한지를 알기에 이렇
게 말한다. "마귀의 간계를 능히 대적하기 위하여 하나님의 전신

갑주를 입으라 우리의 씨름은 혈과 육을 상대하는 것이 아니요 통치자들과 권세들과 이 어둠의 세상 주관자들과 하늘에 있는 악의 영들을 상대함이라 … 모든 기도와 간구를 하되 항상 성령 안에서 기도하고 이를 구하여 깨어 구하기를 항상 힘쓰며 여러 성도를 위하여 구하라"(엡 6:11-12, 18). 전도는 가장 격렬한 영적 전쟁이다. 기도하지 않고는 영적 전쟁에서 승리할 수 없고 전도의 열매를 풍성하게 맺을 수 없다.

그런데 우리의 현실은 어떠한가? 바울은 영혼을 구원하기 위해 기도했지만, 우리는 대부분 다른 기도 제목들을 더 우선순위에 둔다. 즉 대부분 자신의 문제를 해결하기 위해 기도하지, 잃어버린 영혼을 위해 기도하는 사람은 거의 찾아보기 힘들다.

이제 기도 제목에 변화가 일어나야 한다. 바울처럼 기도 제목 속에 전도 대상자를 포함해야 한다. 조지 뮬러는 5만 번의 기도 응답을 받아 15만 명이나 되는 고아들을 누구에게도 의지하지 않고 돌보았기에 '기도의 아버지'로 불린다. 그런데 조지 뮬러의 기도 중 가장 감동적인 것은 비신자 친구 5명의 구원을 위해 평생 기도했다는 것이다. 다섯 명 중 한 명은 1년 6개월, 다른 한 명은 5년, 또 다른 한 명은 6년, 또 다른 한 명은 52년을 기도해서 응답받았고, 마지막 한 명은 그가 죽은 후에 받았다.

필자는 비신자 가정에서 태어났다. 아버지께서 나의 어린 시절에 돌아가셨으므로 결혼 전까지는 큰형 집에서 함께 지내야 했다.

나는 대학교 1학년을 마치고 겨울 방학 때에 거듭나는 은혜를 받았다. 당시 기쁨은 이루 말할 수 없었다. 천하를 다 얻은 기분이었다. 거듭나자마자 주일 성수는 기본이고 열심히 전도하고 새벽기도를 했다.

그러자 오래지 않아 어머니께서 극구 반대하셨다. 그 이유는 아주 단순했다. 한 집안에 두 종교가 있으면 망한다는 것이었다. 이 문제를 해결하는 길은 아주 간단했다. 우리 가족이 모두 주님께 돌아오면 되었다. 하루는 성경을 읽던 중 사도행전 16장 31절 말씀이 나의 마음 깊이 와닿았다. "… 주 예수를 믿으라 그리하면 너와 네 집이 구원을 받으리라 …." 이 말씀을 붙잡고 간절히 하나님께 매어 달렸다.

그런데 전혀 예상치 못한 일이 일어났다. 당시 형은 서울 종로구에서 사업을 크게 했는데 부도를 맞아 하루아침에 망했다. 평소에는 예수님을 믿으라면 꿈쩍않던 형이 나를 부르더니 이렇게 말했다. "창천아, 네가 알다시피 형이 사업에 실패했는데 어떻게 하면 좋겠니?" 속으로 기뻐하며 하나님께 감사했다. 즉시 오산리 기도원으로 향하였고 그곳에서 주님을 영접하고 거듭났다. 그리고 7년 후에는 더 놀라운 일이 일어났다. 어머니의 후손이 54명인데 그들 모두 그리스도인이 되었다. 기도의 응답을 받은 것이다.

기도 없이는 전도의 열매를 기대할 수 없다. 한 사람이라도 전도하고 싶다면 먼저 기도해야 한다. 갈수록 세상이 완악해지고 복음을 들으려고 하지 않는다. 그러나 우리가 구령의 열정을 갖고 기도하면 하나님께서 예비하신 영혼을 만나게 하시고 구원받게 하신다.

주의 재림이 점점 가까이 다가오고 있다. 마치 이미 도끼가 나무뿌리에 놓인 것과 같다(마 3:10). 노닥거리고 있을 때가 아니다. 아직도 지옥을 향한 특급열차를 타고 질주하는 자들이 부지기수다. 예배당 안에서만 찬양하고, 말씀 듣고, 교제하는 것으로 끝내지 말고 전도 대상자를 위해 기도하고 전도하러 가야 한다. 한 영혼이라도 구원하기 위해 먼저 기도하고 찾아가서 복음을 전해야 한다(막 16:15).

02_교회 개척 전도를 했다

바울은 단순히 복음을 전하여 그리스도께로 인도하는 것에서 멈추지 않았다. 그는 예수께서 그리스도이심을 믿는 자들을 중심으로 하여 교회를 세웠다. 그는 흔히 말하는 가정교회를 개척했으며, 이는 다메섹에서부터 시작하여 3차 전도 여행, 로마에서 순교할 때까지 계속되었다. 바울은 복음을 전하여 교회를 개척하는 것을 그의 선교전략으로 삼았다.

바울이 가장 먼저 가정교회를 개척한 곳은 어디일까? 일반적으로 데살로니가나 갈라디아 중 하나라고 주장한다. 북갈라디아설과 남갈라디아설 중 어느 설을 취하느냐에 따라 데살로니가일 수도 있고 갈라디아일 수도 있다. 과거에는 북갈라디아설이 다수설이었지만 현재는 남갈라디아설이 다수설이다. 후자를 따른다면, 바울 서신서 중 가장 먼저 쓰인 것은 갈라디아서이므로 갈라디아 교회가 가장 먼저 개척된 교회다.

그러나 필자는 바울이 가장 먼저 교회를 개척한 곳은 다메섹이라고 주장한다. 이를 주장하는 근거는 사도행전 9장 23-25절이다. "여러 날이 지나매 유대인들이 사울 죽이기를 공모하더니 그 계교가 사울에게 알려지니라 그들이 그를 죽이려고 밤낮으로 성문까지 지키거늘 그의 제자들이 밤에 사울을 광주리에 담아 성벽에서 달아 내리니라."

유대인들이 바울을 죽이기 위해 밤낮으로 성문까지 지킬 때 광주리에 담아 성벽에서 바울을 달아 내린 사람들은 바울의 제자들이다. 어떻게 바울이 다메섹에서 복음을 전한 지 얼마 되지 않았는데 제자들을 만들 수 있었는가? 그가 초대교회의 방식, 곧 제자훈련 전도법으로 그들을 훈련했기 때문이다.

그런데 바울의 제자들이 있었다는 것은 그들이 단순히 바울의 가르침을 따르는 개인들이 아니라, 이미 공동체를 이루고 있었음을 의미한다. 교회는 두 사람 이상의 그리스도인이 모인 곳이므로, 이 제자들의 모임은 곧 가정교회였을 가능성이 매우 높다.

몇 해 전, 질병 치료를 위해 잠시 귀국한 D3디렉터인 이영철 선교사(튀르키예)와 대화를 나눌 기회가 있었다. 그는 현재 튀르키예에서 'D3전도중심제자훈련'으로 평신도를 훈련하여 다수의 사역자를 만들었고 여러 가정교회를 개척한 바 있다. 특히 가정교회 개척과 관련하여 대화를 나누던 중 내게 다음과 같이 물었다.

"성경에서 바울이 가정교회를 개척했다는 증거를 어디서 찾을 수 있죠?"

필자는 이 질문에 즉시 답했다.

"바울이 오늘날처럼 건물을 빌려서 교회를 개척하지 않고 가정에서 교회를 개척했는데, 굳이 성경에서 그 증거를 찾을 필요가 있을까요?"

그러나 상대방이 흡족해하지 않는 듯 보였다. 그래서 앞서 필자가 언급한 대로 다메섹에 바울의 제자들이 있었다는 것은, 그곳에 이미 바울이 가정교회를 개척한 증거라고 했다. 이조차도 만족하지 않는 듯했다. 그래서 이에 대해 보다 명확한 답을 주기 위해 계속 연구했다.

드디어 제331차 D3전도중심제자훈련(2024.6.11-15, 인도네시아 말랑)을 마치고 귀국하면서 기내에서 성경을 읽던 중 그의 질문에 대한 구체적인 성경적 근거를 찾게 되었다.

바울이 드로아에서 환상을 본 후 성령께서 인도하심을 따라 로마의 식민지인 마게도냐의 첫 성인 빌립보에 들어갔다. 그곳에서 두아디라 출신의 자색 옷감 장사 루디아가 바울이 전한 복음을 듣고 세례를 받았다(행 16:14-15). 그녀가 자기의 집에 머물도록 간청하자 바울은 빌립보에서 복음을 계속해서 전할 수 있었다.

그런데 바울이 점치는 귀신 들린 여종을 고쳐준 일로 인해 감옥에 갇혔다가 기적적으로 나온 후 빌립보를 떠나기 전에 루디아의 집으로 갔다. 그런데 누가는 바울이 루디아를 만났다고 하지 않고, 형제들을 만나 위로한 후 떠났다고 기록한다(행 16:40). 이는 무엇을 의미하는가? 루디아의 집이 가정교회였다는 것이다.

빌립보에는 단지 루디아의 집뿐 아니라 다른 곳에서도 가정교회가 세워졌다. 빌립보 감옥의 간수 집에도 가정교회가 세워졌다. 이를 어떻게 알 수 있는가? 앞서 언급했듯이 바울이 옥에 갇혔을 때 기도하고 찬미하자 옥문이 열리고 모든 죄수의 수갑과 족쇄가 풀린 일로 간수와 그의 가족이 모두 예수님을 믿고 그날 밤, 온 가족이 세례를 받은 것을 통해서다(행 16:33).

세례를 받았다는 것은 예수께서 주이시며 그리스도이심을 믿고 이를 공개적으로 고백했다는 의미다. 그리고 교회는 세례받은 신자들이 두 사람 이상 모인 공동체이므로 빌립보 감옥의 간수 집에서도 가정교회가 만들어졌음을 알 수 있다(마 18:20).

누가가 바울이 1차 전도 여행 중에 복음을 전하면서 제자 삼았다고 말하고(행 14:21), 제자들과 함께 오래 있었다고(행 14:28) 말한 것을 볼 때 바울이 가정교회를 개척한 사실에 대해 전혀 의심할 여지가 없다. 그리고 바울이 서신서를 보낸 대상은 개인이 아니라 교회였고, 이는 이미 그 가정 안에 교회가 존재했음을 시사한다(행 8:3). 바울은 가는 곳마다 복음을 전하고 가정교회를 개척했다.

'D3전도중심제자훈련'은 평신도들이 삶 속에서 가정교회를 개척하여 하나님의 나라를 건설하도록 훈련하고 있다. 필리핀에는 평신도가 가정교회를 개척하여 폭발적으로 부흥하고 있는 열방침례교회(김종태 D3인터내셔널 디렉터)가 있다. '로즈'는 6개의 가정교회를 개척하여 500-600여 명이 모이고, '자렐'은 4개의 가정교회를 개척하여 300-400여 명이 모이고, '아일린'은 3개의 가정교회를 개척하여 250-300여 명이 모이고, 그 밖에도 많은 평신도들이 가정교회를 개척하므로 50여 가정교회가 있고, 전체 교인 수는 사천오백여 명에 이른다.

이중환 선교사(영국 D3디렉터)가 D3로 제자 삼은 사람은 십수 명에 이른다. 그중에서도 짧은 기간 안에 탁월한 복음 전도자가 된 정낙영(김유미) 선교사가 있다. 비록 원어민처럼 영어에 능숙하지 않지만, 그는 '3분복음메시지'를 통해 많은 영혼을 주님께 인도하고 있다. 비자 문제로 잠시 한국에 머무는 동안, 나와의 통화에서 이렇게 말했다.

"제가 복음을 전하면서 느낀 점은 후속 조치를 하지 않으면 아무 소용이 없다는 것입니다. 영국에 돌아가자마자 제 집에서 가정교회를 개척하여 성도들을 양육하고, 그들을 전도제자로 세우고자 합니다. 또한 주께서 은혜를 주신다면 'D3선교훈련센터'를 세우고 많은 이들을 그리스도의 제자로 세울 계획입니다."

바울처럼 가정교회를 개척하지 않는다면, 세계 복음화는 요원한 일이 될 것이며 이 땅에 하나님의 나라도 세워질 수 없다. 따라서 평신도가 삶 속에서 복음을 전하고 가르쳐 제자 삼고 가정교회를 개척하도록 훈련해야 한다.

03_협력하여 전도했다

앞서 살펴보았듯이, 바울은 복음을 전하여 교회를 개척하였고, 개척된 교회가 또 다른 교회를 개척하도록 이끌었다. 그러나 바울은 이 일을 혼자 감당하지 않았다. 그는 자신의 사역을 위해 기도와 물질 후원을 요청했으며, 다른 동역자들과 함께 사역했다.

첫째로, 바울은 그의 복음 사역을 위해 교회에 기도를 요청했다. "또한 우리를 위하여 기도하되 하나님이 전도할 문을 우리에게 열어 주사 그리스도의 비밀을 말하게 하시기를 구하라 내가 이 일 때문에 매임을 당하였노라"(골 4:3), "형제들아 우리를 위하여 기도하라"(살전 5:25), "끝으로 형제들아 너희는 우리를 위하여 기도하기를 주의 말씀이 너희 가운데서와 같이 퍼져 나가 영광스럽게 되고"(살후 3:1).

바울이 이렇게 복음 전도를 위해 기도를 요청한 이유는 무엇인가? 이는 복음 전도가 본질적으로 영적 전쟁임을 바울이 깊이 인식하고 있었기 때문이다. 전도는 한마디로 마귀의 자녀를 하나님의 자녀로 바꾸는 일이다. 따라서 전도에는 영적 전쟁이 따르기 마련이다. 영적 전쟁은 마귀와의 싸움이기에 인간의 힘과 능력으로는 결코 승리할 수 없다.

영적 전쟁에서 승리하려면 기도는 절대적이다. 기도 없이는 전도가 불가능하다. 어떤 이들은 전도하려면 말씀을 잘 알아야 한다고 주장하고, 어떤 이들은 전도하려면 전도하는 방법을 익혀야 한다고 주장하며, 또 어떤 이들은 전도하려면 전도 훈련을 받아야 한다고 주장한다. 모두 일리 있는 말이다.

그러나 아무리 성경을 많이 알고, 전도 방법과 훈련에 능해도, 기도하지 않고는 영혼을 구원할 수 없다. 예수께서 전도 사역에 앞서 이른 새벽에 기도하신 것도 바로 이 때문이다(막 1:35-39). 때로는 기도하지 않고 만난 상대방이 쉽게 예수님을 믿는 경우가 있다. 그러나 이는 다른 이들의 기도에 대한 응답일 수 있으며, 이러한 경험을 근거로 영혼을 구원하기 위해 기도하지 않아도 된다고 주장해서는 안 된다.

우리는 모세가 아말렉과의 전쟁에서 어떻게 이겼는지 잘 알고 있다. 모세가 손을 들면 이스라엘이 이기고, 손을 내리면 아말렉이 이기자 아론과 훌이 돌을 가져다가 양쪽에서 모세의 손이 내려오지 않게 하여 승리하였다.

예수께서 겟세마네 동산에서 기도하실 때 제자들에게 기도를 부탁하신 것은 기도의 후원이 영적 전쟁에 결정적인 영향을 미친다는 것을 아셨기 때문이다. 전쟁에 승리하려면 전방에서 잘 싸우도록 후방에서 전쟁 물자를 꾸준히 보급해야 하듯이 가장 치열한 영적 전쟁인 전도의 열매를 맺으려면 배후에서 지속적인 기도의 후원이 있어야 한다.

둘째로, 바울은 자신의 사역을 위해 물질적인 협력을 요청했다. "그러므로 내가 이 형제들로 먼저 너희에게 가서 너희가 전에 약속한 연보를 미리 준비하게 하도록 권면하는 것이 필요한 줄 생각하였노니 이렇게 준비하여야 참 연보답고 억지가 아니니라 이것이 곧 적게 심는 자는 적게 거두고 많이 심는 자는 많이 거둔다 하는 말이로다 각각 그 마음에 정한 대로 할 것이요 인색함으로나 억지로 하지 말지니 하나님은 즐겨 내는 자를 사랑하시느니라"(고후 9:5-7; 빌 4:15-19 참조).

누가는 예수님 당시에도 복음 사역을 위해 후원하는 자들이 있었음을 기록한다. "헤롯의 청지기 구사의 아내 요안나와 수산나와 다른 여러 여자가 함께하여 자기들의 소유로 그들을 섬기더라"(눅 8:3). 물질적으로 후원하는 자들이 없었다면 예수 공동체는 제대로 복음을 전하지 못했을지도 모른다.

바울은 자비량 선교사였지만, 상황에 따라 기꺼이 교회의 후원을 받았다. 특히 그가 옥에 갇힌 상황에서는 감사함으로 교회의 후원을 받았다. 복음 전도를 위해서는 외부의 재정 후원을 받는 것을 부끄럽게 여겨서는 안 된다.

'D3전도중심제자훈련'은 일반적인 선교단체와 크게 다른 점이 있다. 일반적으로 선교단체는 뜻을 같이하는 교회들이 연합하여 세워지므로 교회의 후원으로 운영된다. 그러나 'D3전도중심제자훈련'은 더처치가 독자적으로 세워서 운영했기에 외부의 도움 없이 사역하는 것을 매우 자랑스럽게 여겼다. 그런데 코로나19로 인하여 D3 사역에 필요한 대부분의 재정을 감당하던 성도가 후원을 중단하게 되자 D3 사역이 크게 위축되었다.

이를 통해서 최근 크게 깨달은 것이 있다. 외부의 도움 없이 사역하는 것을 자랑스럽게 여긴 것은 곧 영적 교만의 표현이었다는 사실이다. 복음 전도는 주의 일이므로 모든 교회가 협력해야 한다. 예루살렘 교회가 재정적으로 어려움을 당했을 때 이방인 교회들이 발 벗고 나서서 도움을 주지 않았던가? 주의 일은 독자적으로 감당하는 것이 아니라 협력을 통해서 함께 이루어가는 것이다. 따라서 사역을 위해 재정적 후원을 받는 것을 주저하지 말아야 한다.

'D3전도중심제자훈련'은 날마다 12개국 D3디렉터를 중심으로 약 일천여의 회원들에게 '원포인트 매일큐티'를 통해 다음과 같은 중보기도를 요청하고 있다.

- '2030123007000'(2030년까지 D3디렉터 12명과 현지 목회자 300명과 현지 평신도사역자 7000명 파송, 유대인 포함) 비전이 이뤄지도록 주께서 예비하신 사역자와 필요한 재정이 넘치게 채워지도록

- 평신도 사역으로 세계 복음화를 꿈꾸는 'D3전도중심제자훈련'을 적극 후원할 수 있도록 주께서 예비하신 기업과 제재력가 붙여주시되, 특별히 '가나 캐더링'(회장 이충원 장로)이 대우건설의 투르크메니스탄과 파푸아뉴기니의 공사와 삼성물산의 UAE 공사와 체코 원전 공사의 케이터링 사업을 수주하고, 'W&P'(회장 박영일 집사)의 '초극저온 저장 용기'와 '브라질 배터리 수출 사업도 순조롭게 진행되도록

- 탄자니아 D3제자훈련학교(조은빛 선교사)의 건축이 주의 은혜로 올해 안으로 완공되어 스와힐리어권 복음화가 앞당겨지고, 이

스라엘 D3선교센터와 더처치 설립을 통해 유대인 선교가 본격화되고, 튀르키예 D3선교센터를 통해 이슬람권 선교가 본격화되도록

셋째로, 바울은 동역자와 함께 복음을 전했다. 바울은 서신서에서 '동역자'라는 표현을 아홉 차례 사용했다(로마서와 빌레몬서 각 3회, 고린도전후서와 빌립보서 각 1회). 로마서 16장에는 무려 27명의 동역자들의 이름이 등장한다. 이는 그와 함께 사역한 자들이 있었다는 것을 뜻한다. 바울은 결코 고립된 전도자가 아니었으며, 수많은 동역자들과 함께한 리더였다. 그리고 선교의 사역이 진행됨에 따라 동역자들의 수는 더해졌다. 바울은 혼자 힘으로 세계 복음화를 이루려 하지 않았고 다른 사람들과 함께 꿈꾸고 이를 이루려고 노력했다.

바울의 동역자는 크게 세 부류로 구분할 수 있다.

첫째로, 복음을 전하여 제자 삼았다. 바울과 함께 동역한 자들은 대부분 바울이 직접 전도하여 제자 삼은 자들이다. 대표적인 인물은 디모데, 디도, 누가, 실라, 아굴라와 브리스길라, 에바브로디도, 오네시모 등이다.

이들 중 아굴라와 브리스길라가 바울의 제자인지는 명확하지 않다. 왜냐하면 누가는 그들이 유대인이므로 글라우디오 칙령으로 이달리야에서 왔는데, 바울이 그들과 생업이 같아 그들에게 가서 함께 살았다고 할 뿐 그 밖의 것에 대해서는 침묵하기 때문이다(행 18:2-3). 두 가지 추측이 가능하다. 하나는 당시 로마에 교회가

있었으므로 이미 그리스도인이 되었을 가능성이 있다. 다른 하나는 같은 집에서 바울과 함께 생활하며 말씀을 배우고, 안식일마다 회당에서 바울의 강론을 들으며 예수께서 그리스도이심을 깨닫고 그리스도인이 되었을 가능성이 있다. 그러나 필자는 제3의 견해를 제시하고자 한다. 로마 교회 출신이지만 고린도에서 바울과 함께 지내며 복음 전도와 가르침에 대한 훈련을 받고 동역자가 되었다는 것이다. 후자나 제3의 견해를 취한다면 그들을 바울의 제자로 부르는 것은 전혀 문제가 되지 않는다.

둘째로, 기존 신자와 함께 동역했다. 대표적인 사람은 아볼로이다. 그는 이집트 알렉산드리아 출신의 유대인으로 언변이 좋고 성경에 능통하며 열심히 예수에 관한 것을 자세히 말하며 가르쳤다. 그러나 복음에 대해 불완전하게 이해하고 있었으므로 아굴라와 브리스길라 부부가 그를 데려다가 하나님의 도를 정확히 풀어 일렀다(행 18:24-26). 이후 그는 능력 있는 복음 변증가가 되었고 성경으로 예수는 그리스도이심을 힘있게 증언하였다(행 18:27-28). 바울은 아볼로를 복음 사역자로 알고 그와 함께 동역했다(고전 3:5; 16:12; 딛 3:13).

셋째로, 로마 교회와 함께 동역했다. 로마 교회는 바울이 개척한 교회가 아니다. 바울이 로마에 가기 전부터 있었다. 이런 사실은 바울이 로마서를 기록할 당시 로마 교회의 믿음이 온 세상에 전파되었다고 말했고(롬 1:8), 죄수의 몸으로 로마에 도착할 때 형제들이 압비오 광장과 트레스 타베르네까지 그를 맞이하러 온 것을 통해 알 수 있다(행 28:14-15). 바울은 자신이 서바나(스페인)를 가려고 하는데 이를 위해 로마 교회가 협력할 것을 요청했다. 바울이 당당하게 이를 로마 교회에 요청한 것은, 모든 교회가 그리스도의 몸으로서 하나님 나라 확장에 함께 협력해야 한다고 보았기 때문이다. 교회와 모든 그리스도인, 선교단체는 하나님 나라의 확장을 위해 서로 힘을 모아야 한다.

04_자비량으로 전도했다

바울은 그의 서신서들, 특히 고린도전서 9장과 데살로니가전서 2장, 데살로니가후서 3장 등에서 자신이 자비량으로 전도한 이유와 중요성에 대해 자세히 설명했다.

성전의 일을 하는 이들은 성전에서 나는 것을 먹으며 제단에서 섬기는 이들은 제단과 함께 나누는 것을 너희가 알지 못하느냐 이와 같이 주께서도 복음 전하는 자들이 복음으로 말미암아 살리라 명하셨느니라 그러나 내가 이것을 하나도 쓰지 아니하였고 또 이 말을 쓰는 것은 내게 이같이 하여 달라는 것이 아니라 내가 차라리 죽을지언정 누구든지 내 자랑하는 것을 헛된 데로 돌리지 못하게 하리라 고전 9:13-15
형제들아 우리의 수고와 애쓴 것을 너희가 기억하리니 너희 아무에게도 폐를 끼치지 아니하려고 밤낮으로 일하면서 너희에게 하나님의 복음을 전하였노라 살전 2:9
어떻게 우리를 본받아야 할지를 너희가 스스로 아나니 우리가 너희 가운데서 무질서하게 행하지 아니하며 누구에게서든지 음식을 값없이 먹지 않고 오직 수고하고 애써 주야로 일함은 너희 아무에게도 폐를 끼치지 아니하려 함이니 우리에게 권리가 없는 것이 아니요 오직 스스로 너희에게 본을 보여 우리를 본받게 하려 함이니라 살후 3:7-9

바울은 복음 전도자가 생계를 위해 마땅히 교회의 도움을 받을 권리가 있다는 것을 알고 있었다. 그러나 그는 복음이 아무런 방해 없이 전파되게 하려고 그 권리를 포기했다. 그리고 단순히 권리를 사용하지 않는 데서 멈추지 않고 아무에게도 폐를 끼치지 않으려고 밤낮으로 일하면서 복음을 전했다. 즉, 바울은 재정적으로 다른 사람들에게 의존하지 않고 스스로 생활비를 벌어가며 복음을 전했다.

바울은 주로 천막 만드는 일을 통해 생계를 유지했다. 바울은 길리기아 다소 출신으로, 천막 제조 기술을 가지고 있었다(행 18:3). 당시 유대인 랍비들은 평생 학문에만 매달리지 않고, 생계를 위한 직업을 갖는 것이 일반적이었다.

당시 천막은 다양한 용도로 사용되었기 때문에 수요가 많았고, 기술을 가진 사람은 어디서든 일자리를 구할 수 있었다. 바울이 전략적으로 도시를 선교 거점으로 삼은 데는 우선 전도 대상자가 많았기 때문이기도 하지만, 상대적으로 인구가 많은 도시가 농어촌보다 텐트 판매에 더 유리했을 것이라는 점도 고려되었을 것이다.

바울의 자비량 선교는 어떤 유익을 가져왔는가?

첫째로, 외부의 눈치를 보지 않고 소신껏 복음을 전할 수 있었다. 선교비를 받는 선교사는 이를 보내는 사람의 눈치를 보지 않을 수 없다. 그런데 바울처럼 자비량 선교를 하면 다른 사람들의 눈치를 보지 않고 소신껏 하나님 앞에서 사역할 수 있다.

필자는 해외 사역을 주로 하므로 부득이 많은 선교사를 만난다. 그들은 대부분 매달 또는 분기별 파송한 교회와 선교단체, 그리고 선교비를 후원하는 이들에게 선교 편지를 보낸다. 이를 준비하는 데 적지 않은 시간이 소요된다. 자비량 선교를 하면 이렇게 소모적인 일로 시간과 마음을 빼앗기지 않게 된다. 때로는 후원자들의 관심을 지속적으로 끌기 위해 실제보다 과장하여 보내고 싶은 유혹과도 싸워야 한다.

둘째로, 단순히 말로만 복음을 전하지 않고 땀 흘려 일하는 모습을 보여줌으로 성도들에게 근면함과 자립심의 본보기가 되었다. 특히 게으름을 피우거나 공동체에 부담을 주는 이들에게는 좋은 모범이 되었다. 데살로니가교회에 다음과 같이 편지를 쓸 수 있었던 것은 그가 밤낮으로 일하며 복음을 전했기 때문이다. "또 너희에게 명한 것 같이 조용히 자기 일을 하고 너희 손으로 일하기를 힘쓰라"(살전 4:11), "... 누구든지 일하기 싫어하거든 먹지도 말게 하라 ..."(살후 3:10). 기독교는 노동을 중시하는 종교다. 무위도식하거나 한순간에 일확천금을 노리는 것은 기독교의 정신과는 거리가 멀다.

셋째로, 도시에서는 항상 천막의 수요가 있었으므로, 그는 자유롭게 선교지를 이동하며 복음을 전할 수 있었다. 바울은 자신이 만든 텐트에서 거주하면서 복음을 전한 경우도 있었을 것이다. 다른 직업보다 텐트 만드는 직업을 가진 것은 그의 광범위한 선교여행에 플러스 요인이 되었을 것이다.

넷째로, 가정교회 개척이 수월했다. 당시는 모두 가정교회 형태였는데, 개인의 집에서 모이기 힘든 경우는 우선 자기의 텐트에서 교회를 개척했을 것이다. 그리고 믿음이 자란 성도가 자기 집을 오픈했을 것이고 점점 교회가 든든히 서 갔을 것이다. 한국에서 개척교회가 점점 힘들어지고 있는 것 중의 하나는 가정교회로 시작하지 않고 상가 건물을 임차하여 시작하기 때문이다. 갓 시작한 교회가 목회자 생활비와 매달 월세, 그리고 관리비를 어떻게 감당할 수 있겠는가?

바울이 텐트 메이커로서 가정교회를 개척한 것은 오늘날 얼마든지 그대로 적용이 가능하다. 자기 직업을 가지고 돈을 벌면서 자기 집이나 카페 등에서 말씀을 가르치고 훈련하면 된다. 교회는 예수 그리스도를 구세주와 주님으로 영접한 사람들이 모인 공동체다. 최소 두 명이면 가능하다.

바울의 자비량 전도 방식을 따른 대표적인 사례가 한국판 자립 전도인 네비우스(Nevius)다. 네비우스 선교 정책은 19세기 말 미국 북장로교회가 한국에서 채택한 선교 정책으로 독립적, 자립적인 토착 교회를 형성하기 위해서는 자립(Self-support), 자치(Self-government), 자전(Self-propagation)이 핵심이라고 주장하는 정책이다.

자전은 토착인이 토착인에게 전도하도록 하는 것이다. 자립은 토착 교인이 토착 교회 목회자의 생활비와 교회 운영을 책임지도록 하는 것이다. 자치는 토착 교회 문제를 토착 교인들이 처리하도록 하는 것이다.

언더우드를 비롯한 초기 한국 선교사들은 이러한 네비우스 선교 정책을 적극 수용하여 한국 교회의 부흥과 성장을 꾀했다. 특히 1903년부터 1907년 초기 부흥 운동을 거치면서 한국 교회는 그 지도력이 급성장했고, 결과적으로 스스로 전도하고 자립하며 자치하는 토착 교회로서 위상을 정립할 수 있었다. 그래서 1929년 미국의 대공황과 1940년 선교사들의 강제 귀국, 그리고 1960년대 후반 선교사 철수로 외부의 선교 지원이 약화된 상황에서도 한국 교회는 위축되지 않고 부흥하고 성장할 수 있었다.

그러나 네비우스 선교 정책에 대한 비판도 있었다. 우선 경제적 자립 원칙이 토착 교회 유지와 관리에 초점을 맞추어 교회 중심 체제가 되면서 사회봉사나 구제 사업, 사회적 현안에 대해서는 소극적이었고, 봉건적 인습이 남아 있던 한국 교회 안에서의 자치 원칙은 임원 조직의 위계질서로 작용하여 교회의 민주적 운영을 저해했으며, 토착 교회 지도자 양성에 관한 권한과 역할을 선교사들이 독점함으로써 한국교회 목회자의 지적 수준과 신학 발전에 한계를 가져왔다는 것이다.

그런데 자비량 전도의 장점만 있는 것은 아니다. 오직 사역에만 전념하면 더 많은 열매를 맺을 수 있는데, 동시에 육신의 일을 하므로 절대적인 사역 시간이 줄어들고, 사역의 열매 또한 줄어들 수밖에 없다. 이는 바울이 로마 감옥에 투옥되었을 때 '아침부터 저녁까지' 하나님의 말씀을 강론한 것을 통해 간접적으로 알 수 있다(행 28:23). 만일 바울이 옥중에 있지 않고 텐트를 만들었다면 아침부터 저녁까지 하나님의 말씀을 강론하지 못했을 것이다.

바울이 제1차 로마 투옥 때 네 권의 옥중서신(에베소서, 골로새서, 빌레몬서, 빌립보서)을 쓰고, 제2차 로마 감옥 투옥 때 디모데후서를 쓸 수 있었던 것도, 감옥에 갇혀 일을 하지 않음으로써 상대적으로 시간적 여유가 있었기 때문일 가능성이 높다.

참고로 바울의 자비량 선교를 근거로 비즈니스 선교를 주장하는 이들과 전문인 선교를 주장하는 이들이 있다. 그러나 바울의 자비량 선교는 비즈니스 선교 모델보다는 전문인 선교 모델로 보는 것이 타당하다고 본다. 그 이유는 다음과 같다.

첫째로, 바울은 복음을 전하면서 교회나 다른 사람들에게 재정적인 부담을 주지 않기 위해 스스로 천막을 만드는 일을 하며 생활비를 벌었다. 이는 선교사가 자신의 전문 기술이나 직업을 통해 생계를 유지하며 선교 활동을 펼치는 전문인 선교와 흡사하다.

둘째로, 바울의 직업 활동은 생계유지를 위한 수단이었을 뿐, 그의 궁극적인 목적은 오직 복음 전파와 교회 개척이었다. 그러나 비즈니스 선교는 수익을 창출하고 그 수익을 선교에 재투자하는 것이 주목적이므로 자비량 선교와는 거리가 멀다.

셋째로, 바울은 천막 제조 기술을 통해 자연스럽게 지역 사회의 사람들과 교류하고, 그들에게 복음을 전할 기회를 얻었다. 물론 비즈니스 선교도 현지인들과의 관계 형성에 기여하고 복음의 접촉

점을 얻는다. 그러나 때로는 고용주와 피고용인 또는 판매자와 구매자와 같은 비즈니스 특유의 이해관계가 얽힐 수 있다.

결론적으로, 자신의 직업 활동을 통해 생계를 유지하며 현지 사회에 직접 들어가 관계를 맺고 복음을 전파하는 전문인 선교 모델이 수익 창출이라는 비즈니스의 본질적 목표를 지닌 비즈니스 선교 모델보다 바울의 자비량 선교에 가깝다.

05_눈높이에 맞춘 전도를 했다

바울이 이해한 복음의 핵심은 예수께서 우리의 죄를 대신하여 십자가에 못 박혀 죽으시고 부활하셨으며, 이를 믿으면 구원을 받아 하나님 나라 백성이 된다는 것이다. 그런데 바울은 복음의 본질을 훼손하지 않으면서도, 상대에 따라 융통성 있게 적용했다. 즉, 바울은 여러 사람에게 여러 방식으로 접근하는 눈높이 전도를 실천했다.

왜 바울은 상대방의 눈높이에 맞춘 전도를 했을까?

첫째로, 예수께서 눈높이 전도를 하셨기 때문이다. 예수님께서는 모든 사람에게 동일한 방법으로 복음을 전하시지 않고 상대방의 수준과 필요에 따라 다르게 전하셨다. 니고데모에게는 '거듭나지 않으면 하나님의 나라를 볼 수 없다'고 하셨지만, 사마리아 여인에게는 처음부터 끝까지 우물물을 통해 자신이 메시아임을 믿도록 설득하셨다.

젊은 부자 관원이 예수님께 찾아와서 어떻게 하면 영생을 얻을 수 있느냐고 했을 때는 가진 재산을 다 팔아 가난한 사람들에게 나눠주고 자기를 좇으라고 하셨지만, 부자였던 삭개오에게는 아무것도 요구하시지 않고 "내가 오늘 네 집에 유하여야 하겠다"고 하셨다. 예수께서 그렇게 하신 것은, 부자 관원은 자신의 의로 구원을 얻을 수 있다고 여겼고, 삭개오는 유대인 사회에서 소외되어 위로가 필요하다는 것을 아셨기 때문이다.

예수께서 바울을 다메섹 도상에서 빛 가운데서 만나주신 것도 일종의 눈높이 전도였다. 만일 예수께서 빛 가운데 찾아오시지 않았다면 바울은 예수께서 그리스도라는 것을 깨닫지 못했을 것이고 구원받지 못했을 것이다.

둘째로, 한 사람이라도 더 구원하기 위해서다. 바울이 모든 사람에게 자유하나 스스로 모든 사람에게 종이 된 것은 더 많은 사람을 얻고자 했기 때문이다(고전 9:19). 상대방을 섬기는 자세로 행하는 전도가 눈높이 전도다. 예수께서 우리를 구원하시기 위해 하늘의 영광을 버리고 이 땅에 오셨듯이 다른 사람을 구원하려면 낮아져야 한다. 종의 자세를 가지지 않으면 전도할 수 없다. 바울은 당시 로마 시민권을 가지고 있었지만, 한 사람이라도 더 구원하기 위해 자신의 권리를 적극적으로 사용하지 않았다.

바울이 상대방의 눈높이에 맞게 전도한 구체적인 예를 살펴보자.

첫째, 바울은 유대인과 이방인에 따라 달리 복음을 전했다. "유대인들에게는 내가 유대인과 같이 된 것은 유대인들을 얻고자 함이요 율법 아래 있는 자들에게는 내가 율법 아래 있지 아니하나 율법 아래 있는 자같이 된 것은 율법 아래 있는 자들을 얻고자 함이요"(고전 9:20). 바울은 유대인들에게 복음을 전할 때는 그들의 율법적 배경과 구약 성경에 대한 지식을 활용했다. 율법의 중요성을 인정하는 한편, 구약의 예언이 예수 그리스도를 통해 성취되었음을 설득했다. 자신도 유대인으로서 율법을 존중하는 태도를 보이며 그들의 경계를 허물고 복음을 받아들이게 했다.

바울은 선교여행을 할 때마다 먼저 유대인의 회당에 들어가 복음을 전하였는데(행 13:5, 14; 14:1; 17:1-2, 10; 18:4; 19:8), 그들이 익숙한 구약 성경을 인용하며, 예수께서 다윗의 자손으로서 예언을 성취하신 메시아임을 논리적으로 설명했다. 특히 비시디아 안디옥 회당에서는 이스라엘의 역사를 훑으며 다윗 언약과 예수님의 부활을 연결하여 설교했다(행 13:16-41).

반면에 율법을 알지 못하는 이방인들에게는 율법을 내세우지 않았다. 대신 그들의 문화와 철학적 배경, 그리고 자연 현상 등을 활용해 창조주 하나님을 소개하고, 양심을 통해 죄를 깨닫게 하는 방식으로 접근했다. 그리고 믿음이 연약한 자들이나 문화적 차이로 인해 어려움을 겪는 이들의 입장을 이해하고 배려했다. 예를 들어, 우상의 제물에 대해 바울은 "우상은 아무것도 아니므로 먹을 수 있다"고 하면서도, 그것이 형제를 실족하게 한다면 먹지 말아야 한다고 가르쳤다(고전 8장). 바울은 한 가지 방식만을 고수하지 않고, 복음을 듣는 사람들의 특성에 따라 다양한 접근 방식을 사용했다.

둘째, 루스드라에서는 미신에 빠진 사람들에게 맞춤형 전도를 했다(행 14:8-18). 루스드라는 대도시에 비해 우상숭배와 미신이 특히 만연한 지역이었다. 이곳에서 바울이 발을 쓰지 못하는 사람을 고치자, 사람들이 그와 바나바를 제우스와 헤르메스로 오해하여 제사를 드리려 했다. 이에 바울과 바나바는 옷을 찢으며 격렬하게 만류했다. 그리고 아덴에서처럼 철학적 논리를 사용하지 않고, 일상에서 경험하는 자연 현상을 통해 살아계신 창조주 하나님을 소개하면서 그들이 섬기는 우상이 헛된 것임을 깨닫고 살아계신 하나님께로 돌아오라고 촉구했다.

셋째, 빌립보에서는 복음의 균형을 잡으려고 노력했다. 당시 영지주의 영향으로 십자가 없는 부활만을 강조하는 자들이 있었다. 이에 바울은 단호히 그들에게 '그리스도 십자가의 원수'라고 비난을 퍼부었다(빌 3:18). 바울에게 십자가와 부활은 복음의 양쪽 날개와 같았다. 한쪽 날개라도 상처를 입으면 제대로 비상할 수 없듯이, 복음의 한 축인 십자가만 강조하거나 다른 축인 부활만 강조하면 비상하는 믿음으로 살아갈 수 없다.

넷째, 아덴에서 철학자들에게 맞춤 전도를 했다(행 17:22-34). 바울이 아덴에 도착했을 때 온 도시에 우상이 가득하고 수많은 신전이 세워져 있는 것을 보고서 분이 가득했다. 당시 아덴은 철학과 사상의 중심지였고 지식인과 철학자들이 많았다. 바울은 아레오바고 언덕에서 설교를 시작하며, 그들에게 범사에 종교심이 많다는 점을 언급했다(행 17:22). 이는 상대방의 종교성을 긍정적으로 언급함으로써 공통의 접점을 찾은 것이다.

바울은 아덴 사람들이 세워놓은 '알지 못하는 신에게'라는 제단을 보고, 그들이 알지 못하고 위하는 신이 누구인지 알려주겠다면서 창조주 하나님을 소개했다(행 17:23). 이는 그들의 지적 호기심을 자극해 복음으로 자연스럽게 연결되도록 한 것이다.

그리고 아덴 사람들의 철학적 배경에 맞추어 하나님의 속성을 설명하고, 우상이 아닌 참된 하나님, 즉 천지 만물을 지으신 주재이시므로 사람의 손으로 만든 성전에 계시지 않으신다는 점을 논리적으로 설명했다. 그는 심지어 그들의 시인 에피메니데스와 아라투스의 글을 인용하여 공감을 얻었다(행 17:28). 바울은 이처럼 눈높이 접근을 통해 회개, 심판, 그리고 부활하신 예수 그리스도를 담대히 선포했다.

이처럼 바울은 복음을 전파함에 있어 한 가지 방식만을 고집하지 않았다. 복음을 듣는 사람들의 지적 수준, 문화적 배경, 종교적 관념 등을 깊이 이해하고, 그들의 눈높이에 맞게 복음을 제시했다. 이는 복음의 본질은 변하지 않지만, 복음을 전달하는 방식은 대상에 따라 유연하게 조절되어야 함을 보여준 것이다.

눈높이에 맞는 전도를 할 때 주의해야 할 점이 있다.

첫째, 바울이 복음을 전하려는 사람들의 문화, 전통, 사상 등을 이해하고 그들의 눈높이에 맞춰 소통했듯이, 우리도 대상자의 문화, 전통, 사상을 이해하고 공감하며 복음을 전해야 한다.

둘째, 바울이 복음의 본질을 희석시키지 않고 복음의 핵심인 예수 그리스도의 십자가와 부활을 명확하게 담대히 선포했듯이, 우리도 '한 영혼이라도 더 구원하자'는 미명으로 변질된 복음, 즉 성공 복음이나 번영 복음을 전하지 말아야 한다.

셋째, 바울이 말로만 복음을 전하지 않고 삶과 행동으로 전했듯이, 우리도 입으로만 복음을 전하지 말고 복음에 합당한 삶을 실천하며 복음을 전해야 한다.

넷째, 눈높이 전도는 필연적으로 끈기와 인내를 요구한다. 전도의 열매가 즉각 나타나지 않더라도 낙심하지 말고, 인내하며 지속적으로 전해야 한다.

PART
7

왜 바울은
위험한 상황에서도
예루살렘에 올라갔는가?

PART 7

01_ 바울은 예루살렘에 몇 번 올라갔는가?
02_ 바울은 헌금 전달보다 더 중요한 이유로 예루살렘에 올라갔다
03_ 바울의 마지막 예루살렘 방문은 성령을 거스른 것인가?

왜 **바울**은
위험한 상황에서도
예루살렘에 올라갔는가?

01_바울은 예루살렘에 몇 번 올라갔는가?

혹자는 바울이 다메섹 도상에서 예수님을 만난 후 여러 가지 이유, 즉 매년 세 번 절기를 지키기 위해서, 계시로 말미암아, 상황적 필요 등으로 자주 예루살렘에 올라갔다고 주장한다. 과연 그럴까? 우선 바울이 여호와의 절기를 지키기 위해서 매년 세 차례씩 예루살렘에 올라갔다는 주장은 설득력이 없다. 왜냐하면 바울은 여호와의 모든 절기가 예수 그리스도의 그림자에 불과함을 이미 깨달았기 때문이다. "그러므로 먹고 마시는 것과 절기나 초하루나 안식일을 이유로 누구든지 너희를 비판하지 못하게 하라 이것들은 장래 일의 그림자이나 몸은 그리스도의 것이니라"(골 2:16-17). 더군다나 유대인들이 그를 죽이려고 혈안인 상황에서 복음을 전하기 위해서라면 몰라도 단지 절기를 지키기 위해 예루살렘에 올라갔다는 주장은 설득력이 크게 떨어진다.

실제로 성경에 바울이 절기를 지키기 위해 예루살렘에 갔다는 기록은 한 번밖에 나오지 않는다. "바울이 아시아에서 지체하지 않기 위하여 에베소를 지나 배 타고 가기로 작정하였으니 이는 될 수 있는 대로 오순절 안에 예루살렘에 이르려고 급히 감이러라"(행 20:16). 그런데 혹자는 개역개정이나 NIV에는 사도행전 18장 21절에 '명절'이라는 단어가 나오지 않지만, KJV 흠정역은 "그들에게 작별을 고하며 이르되, 내가 어찌하든지 다가오는 이 명절은 반드시 예루살렘에서 지켜야 하리라. 그러나 만일 하나님께서 원하시면 내가 다시 너희에게 돌아오리라, 하고 배를 타고 에베소를 떠나"(행 18:21)라고 번역하므로 두 번 나온다고 주장한다. 그러나 '이 명절'은 사도행전 20장 16절의 절기와 동일하므로 바울이 절기를 지키기 위해 두 번 예루살렘에 갔다는 주장은 타당하지 않다.

참고로, KJV와 NIV의 사도행전 18장 21절 번역이 크게 다른 이유는 무엇인가? 첫째로, 원본 사본이 다르기 때문이다. KJV는 수용 본문 'Textus Receptus'라는 그리스어 신약 성경 사본을 기반으로 번역되었고, NIV는 알렉산드리아 계열의 시내 사본과 바티칸 사본을 중심으로 여러 다양한 사본들을 종합적으로 분석해 원본에 가장 가까울 것으로 재 구성한 표준 원문 'Critical Text'를 참조했기 때문이다. 둘째로, 번역 철학의 차이 때문이다. KJV는 직역 방식을 선호하며, 원문에 충실하므로 수용 본문 'Textus Receptus'에 포함된 모든 문구를 번역에 포함시키려고 노력하는 반면에, NIV는 원문의 정확성 유지를 기본으로 하나 독자가 쉽게 이해할 수 있도록 단어 대 단어 번역보다는 의미 대 의미 번역 방식(동적 등가 번역 방식)을 사용하므로 사본 간 의미가 크게 달라지지 않으면 일부 문구를 생략하거나 간소화하기 때문이다.

성경은 바울이 예루살렘에 올라간 것을 여러 차례 소개한다.

그의 아들을 이방에 전하기 위하여 그를 내 속에 나타내시기를 기뻐하셨을 때에 내가 곧 혈육과 의논하지 아니하고 또 나보다 먼저 사도 된

자들을 만나려고 예루살렘으로 가지 아니하고 아라비아로 갔다가 다시 다메섹으로 돌아갔노라 그 후 삼 년 만에 내가 게바를 방문하려고 예루살렘에 올라가서 그와 함께 십오 일을 머무는 동안 주의 형제 야고보 외에 다른 사도들을 보지 못하였노라 갈 1:16-19

십사 년 후에 내가 바나바와 함께 디도를 데리고 다시 예루살렘에 올라갔나니 계시를 따라 올라가 내가 이방 가운데서 전파하는 복음을 그들에게 제시하되 유력한 자들에게 사사로이 한 것은 내가 달음질하는 것이나 달음질한 것이 헛되지 않게 하려 함이라 갈 2:1-2

사울이 예루살렘에 가서 제자들을 사귀고자 하나 다 두려워하여 그가 제자 됨을 믿지 아니하니 바나바가 데리고 사도들에게 가서 그가 길에서 어떻게 주를 보았는지와 주께서 그에게 말씀하신 일과 다메섹에서 그가 어떻게 예수의 이름으로 담대히 말하였는지를 전하니라 사울이 제자들과 함께 있어 예루살렘에 출입하며 행 9:26-28

그 때에 선지자들이 예루살렘에서 안디옥에 이르니 그 중에 아가보라 하는 한 사람이 일어나 성령으로 말하되 천하에 큰 흉년이 들리라 하더니 글라우디오 때에 그렇게 되니라 제자들이 각각 그 힘대로 유대에 사는 형제들에게 부조를 보내기로 작정하고 이를 실행하여 바나바와 사울의 손으로 장로들에게 보내니라 행 11:27-30

어떤 사람들이 유대로부터 내려와서 형제들을 가르치되 너희가 모세의 법대로 할례를 받지 아니하면 능히 구원을 받지 못하리라 하니 바울 및 바나바와 그들 사이에 적지 아니한 다툼과 변론이 일어난지라 형제들이 이 문제에 대하여 바울과 바나바와 및 그 중의 몇 사람을 예루살렘에 있는 사도와 장로들에게 보내기로 작정하니라 그들이 교회의 전송을 받고 베니게와 사마리아로 다니며 이방인들이 주께 돌아온 일을 말하여 형제들을 다 크게 기쁘게 하더라 예루살렘에 이르러 교회와 사도와 장로들에게 영접을 받고 하나님이 자기들과 함께 계셔 행하신 모든 일을 말하매 행 15:1-4

가이사랴에 상륙하여 올라가 교회의 안부를 물은 후에 안디옥으로 내려가서 행 18:22

이 여러 날 후에 여장을 꾸려 예루살렘으로 올라갈새 가이사랴의 몇 제자가 함께 가며 한 오랜 제자 구브로 사람 나손을 데리고 가니 이는 우리가 그의 집에 머물려 함이라 예루살렘에 이르니 형제들이 우리를 기꺼이 영접하거늘 그 이튿날 바울이 우리와 함께 야고보에게로 들어가니 장로들도 다 있더라 행 21:15-18

상기한 바와 같이 바울이 예루살렘에 올라간 것은 갈라디아서에서 2회, 사도행전에서 5회 기록되므로 언뜻 보면 예루살렘에 7번 올라간 것처럼 보인다. 그러나 이 중에서 2회가 중복되므로 실제로 방문한 횟수는 그만큼 줄어든다.

첫 방문은 회심 후 3년여가 지난 후 베드로를 만나러 예루살렘에 간 것이다. 바나바가 그를 사도들에게 소개해 주었고, 야고보를 만났다(갈 1:16-19; 행 9:26-28).

두 번째 방문은 아가보의 예언대로 큰 기근이 예루살렘에 들었을 때, 안디옥 교회에서 모은 구제 헌금을 전달하기 위해 바나바와 함께 방문한 것이다(행 11:27-30).

　세 번째 방문은 이방인 신자들의 할례 문제로 인해 안디옥에서 갈등이 생기자, 바나바와 디도와 함께 예루살렘에 올라가 사도들과 장로들을 만났다. 제1차 예루살렘 공회에서 이방인 개종자들은 율법의 모든 조항을 지킬 필요가 없다는 중요한 결론이 내려졌다(갈 2:1-2; 행 15:1-4).

　네 번째 방문은 2차 전도 여행을 마친 후 안디옥으로 돌아가는 길에 잠시 예루살렘에 올라가 교회에 문안했다(행 18:22).

　다섯 번째 방문은 3차 전도 여행을 마치고 마게도냐와 아가야 교회에서 모은 구제 헌금을 가지고 예루살렘으로 올라갔다(행 21:15-18). 이 방문에서 유대인들에게 붙잡혀 체포되었고, 이것이 로마로 압송되는 계기가 되었다.

　이처럼 신약 성경의 여러 기록을 종합하면, 바울은 회심 후 예루살렘에 적어도 5번 이상 방문했던 것으로 볼 수 있다. 그런데 바울의 부모가 바울을 율법학자로 만들기 위해 10대에 다소에서 예루살렘으로 보냈으므로 이를 포함하면 적어도 6번 이상은 예루살렘에 갔다는 추정이 가능하다.

02_바울은 헌금 전달보다 더 중요한 이유로 예루살렘에 올라갔다

바울은 예루살렘에 가면 순탄치 않을 것이라는 사실을 이미 알고 있었다. 여기에는 두 가지 이유가 있었다.

하나는, 예루살렘에 들어가면 핍박을 받을 것이라는 말을 자주 들었기 때문이다. 바울 주변에는 성령의 감동을 받고 바울의 예루살렘 여행 계획을 말리는 자들이 많았다. 두로에서는 제자들이 성령의 감동으로 예루살렘에 들어가지 말라고 하는 말을 들었고(행 21:4), 가이사랴에서는 빌립의 네 딸을 통해 예루살렘에서 유대인들이 바울을 결박해 이방인에게 넘겨줄 것이라는 예언을 들었다(행 21:8-12).

다른 하나는, 유대인들이 바울을 유대문화와 구약 전통을 송두리째 거부하는 급진주의자로 보았을 뿐 아니라 유대교를 배신한 변절자로 생각한다는 것을 알고 있었기 때문이다.

그럼에도 바울이 굳이 예루살렘으로 올라간 이유는 무엇인가? 바울은 로마를 거쳐 서바나로 갈 계획이지만 먼저 예루살렘에 가야 할 이유가 있음을 밝힌다.

> 그러나 이제는 내가 성도를 섬기는 일로 예루살렘에 가노니 이는 마게도냐와 아가야 사람들이 예루살렘 성도 중 가난한 자들을 위하여 기쁘게 얼마를 연보하였음이라 롬 15:25-26

따라서 표면적으로 보면 바울이 예루살렘에 가려고 한 것은 계속된 가뭄으로 심각한 기근에 놓인 예루살렘 교회의 성도들을 구제하기 위해서다. 즉 마케도니아와 아가야의 이방인 교회가 연보하여 모금한 돈을 예루살렘 교회의 가난한 성도들에게 전달하기 위해서다.

그런데 당시 바울이 구제 헌금을 전달하려고 예루살렘에 간다는 것은 두 가지 면에서 무모했다.

하나는, 예루살렘과 그의 궁극적 목적지인 서바나는 정반대 편에 위치하는데 당시 바울은 고린도에 머물고 있었기에 예루살렘을 거쳐 서바나로 가려면 적어도 약 3천 킬로미터를 더 추가적으로 여행해야 하기 때문이다. 단순히 헌금 전달이 목적이었다면 바울이 직접 가지 않고 다른 방법을 택했을 것이다.

다른 하나는, 당시는 교통편이 발달되어 있지 않아서 주로 지중해의 뱃길로 여행해야 하므로 엄청난 위험이 뒤따랐기 때문이다. 따라서 바울이 단지 물질적 구제를 위해 예루살렘에 갔다고 보기는 어렵다.

그렇다면 바울이 주변의 만류에도 불구하고 예루살렘으로 향한 이유는 무엇일까?

첫째로, 바울은 예루살렘이 복음의 시작과 끝이라는 것을 알았기 때문이다. 성경은 복음은 예루살렘에서부터 시작되었고 마지막에는 예루살렘으로 돌아가야 한다고 말씀한다.

또 그의 이름으로 죄 사함을 얻게 하는 회개가 예루살렘으로부터 시작하여 모든 족속에게 전파될 것이 기록되었으니 너희는 이 모든 일의 증인이라 눅 24:47-48

오직 성령이 너희에게 임하시면 너희가 권능을 받고 예루살렘과 온 유대와 사마리아와 땅 끝까지 이르러 내 증인이 되리라 하시니라 행 1:8

형제들아 너희가 스스로 지혜있다 하면서 이 신비를 너희가 모르기를 내가 원하지 아니하노니 이 신비는 이방인의 충만한 수가 들어오기까지 이스라엘의 더러는 우둔하게 된 것이라 그리하여 온 이스라엘이 구원을 받으리라 기록된 바 구원자가 시온에서 오사 야곱에게서 경건하지 않은 것을 돌이키시겠고 롬 11:25-26

바울은 복음이 예루살렘에서 시작되어 그곳에서 완성된다고 확신했다. 이는 마치 모든 만물이 하나님께로부터 나와 하나님께로 돌아가는 것과 같은 섭리다. 이러한 확신은 예수께서 예루살렘에서 승천하신 뒤 마지막 날에 다시 예루살렘에 오시리라 말씀하신 것과도 관련이 깊다(행 1:9-11).

그런데 복음이 예루살렘에서 완성되려면 어떻게 해야 하는가? 그곳에도 복음이 전해져야 한다. 유대인이 예수께서 메시아이심을 믿는 것과 그분의 재림은 밀접히 연결되어 있다. 따라서 바울은 예루살렘에 올라가면 생명의 위협이 있음을 알았어도 그곳에서 복음을 전하려고 올라간 것이다.

둘째로, 예루살렘 교회와 이방 교회를 하나 되도록 하기 위해서다. 당시는 유대인을 중심으로 한 예루살렘 교회와 이방인을 중심으로 한 안디옥교회로 양분되어 있었다. 예루살렘 교회는 이방인 교회를 우습게 생각하고 무시하고 있었다. 그런데 이방인 교회가 개척된 것은 주로 바울을 통해 이루어졌기 때문에 예루살렘 교회는 바울을 탐탁지 않게 생각하고 있었다. 이는 바울의 말을 통해서 확인할 수 있다. "형제들아 내가 우리 주 예수 그리스도와 성령의 사랑으로 말미암아 너희를 권하노니 너희 기도에 나와 힘을 같이하여 나를 위하여 하나님께 빌어 나로 유대에서 순종하지 아니하는 자들로부터 건짐을 받게 하고 또 예루살렘에 대하여 내가 섬기는 일을 성도들이 받을 만하게 하고"(롬 15:30-31).

바울이 로마 교회에 이렇게 기도를 부탁한 것은, 예루살렘 교회가 자신이 전달하려는 구제 헌금을 거부할 수도 있다고 생각했기 때문이다. 그러나 바울은 교회가 그리스도의 몸이기에 분열되어서는 안 된다는 사실을 깊이 깨닫고 있었다. 아버지와 아들이 하나 된 자로 오신 예수께서 죽으심으로 그리스도의 몸을 지으셨기 때문에 두 교회는 결코 나뉘어져서는 안 된다.

주님의 교회는 유대 민족도, 이방 민족도 아닌, 세상과 완전히 구별된 새로운 피조물이며, 한 몸을 이룬다. 그리스도가 머리가 되고 교회는 그의 몸으로서 완전히 하나다. 바울은 하나님의 계시를 통해 교회 속에 그리스도의 비밀이 숨겨져 있다는 것을 깨달았다(엡 5:30-32). 이처럼 그리스도 안에서 하나 되는 것은 교회의 핵심이다. 예수님께서도 죽기 전, "우리가 하나가 된 것 같이 그들도 하나가 되게 하려 함이니이다"(요 17:22)라고 기도하시며, 모든 성도가 하나 되기를 바라셨다.

바울만큼 교회의 비밀을 깊이 이해한 사람은 드물다. 그는 에베소서를 통해 하나님께서 자신에게 그 비밀을 계시하셨다고 밝힌다(엡 3:3). 바울이 말한 '비밀'(뮈스테리온)은 그리스도를 통해 하나님께서 계획하신 것으로, 이방인들도 복음을 듣고 그리스도 예수 안에서 유대인들과 한 몸이 되어 하나님이 약속하신 것을 함께 받는다는 의미다.

에베소는 지리적으로 유럽과 이스라엘의 중간에 위치해 있었다. 따라서 당시 에베소 교회는 유대인과 이방인이 함께 어울리는 공동체를 이루고 있었는데, 이는 교회가 유대인과 이방인이라는 둘이 하나가 되었음을 상징적으로 보여준다.

바울은 이 하나 됨을 결혼에 비유하기도 한다. 그리스도와 교회는 남편과 아내를 상징하며, 이 둘이 결혼하여 한 육체가 되는 것이다. 또한, 바울은 고린도 교회 성도들에게 "우리가 유대인이나 헬라인이나 종이나 자유인이나 다 한 성령으로 세례를 받아 한 몸이 되었고 또 다 한 성령을 마시게 하셨느니라"(고전 12:13)라고 말하며, 교회의 비밀을 전했다.

바울은 어떻게 교회가 머리 되신 주님께 연합된 그의 몸이라는 사실을 깨닫고, 교회를 하나 되게 하는 데 힘썼을까? 그는 다메섹 도상에서 예수님으로부터 "사울아, 사울아 네가 왜 나를 핍박하느냐"라는 음성을 들었기 때문이다. 이 사건을 통해 바울은 그리스도인들을 핍박하는 것이 곧 예수님을 핍박하는 것임을 알게 되었다. 즉, 교회 공동체는 부활하신 주님과 이 땅의 신자들이 생명으로 연결된 소망의 공동체였던 것이다.

다메섹 사건은 바울에게 선교의 강력한 동기가 되었다. 그는 그리스도의 몸이라는 교회론을 바탕으로 이방에 복음을 신속히 전했다. 이는 이방인들의 구원뿐만 아니라 자신의 동족 구원과도 직결된다는 것을 알았기 때문이었다. 바울은 이 진리를 위해 생명을 걸고 복음을 전하고 교회를 세웠다.

그렇다면 왜 예루살렘 교회와 이방 교회가 하나 되어야 하는가? 가장 중요한 이유는 복음 전도 때문이다. 복음 전도는 마귀와의 영적 싸움이 불가피한데, 교회 내부가 하나 되지 않으면 이 싸움에서 이길 수 없다.

바울은 당시 예루살렘 교회가 자신에게 불편한 감정을 갖고 있음을 잘 알았지만, 세계 복음화를 위해 두 교회가 하나 되어야 한다고 믿었다. 그래서 자신의 입장과 반대편에 서 있던 예루살렘 교회를 설득하고자 스스로 그들을 찾아갔다.

이러한 바울의 절박함은 사도행전 20장 16절에서 확인할 수 있다. "바울이 아시아에서 지체하지 않기 위하여 에베소를 지나 배 타고 가기로 작정하였으니 이는 될 수 있는 대로 오순절 안에 예루살렘에 이르려고 급히 감이러라."

3년간 사역했던 에베소가 코앞에 있었지만, 바울은 오순절 안에 예루살렘에 도착하기 위해 급히 움직였다. 유대인 그리스도인들은 세 절기를 지키려고 했고, 특히 오순절에는 많은 유대인들이 예루살렘에 모였다. 바울은 이 기회를 통해 히브리파 유대인과 디아스포라 유대인, 그리고 이방 교회가 하나 됨을 이룰 수 있다고 생각했다. 바로 그곳에서 바울은 오랜 갈등을 해결하고자 했던 것이다.

　바울이 예루살렘에 간 이유는 사도들의 인정을 받거나 휴식을 취하기 위함이 아니었다. 예수께서 십자가로 원수 된 자를 하나 되게 하셨듯이, 바울은 자신이 죽더라도 교회의 하나 됨을 이루기 위해 기꺼이 위험을 무릅썼던 것이다.

　그러나 그는 결코 예루살렘에 전투적으로 간 것이 아니라 사랑으로 갔다. 자신에게 돌을 던지고, 침을 뱉고, 주먹을 휘두르는 사람들에게 사랑으로 다가갔다. 이는 복음의 핵심이 용서와 화해임을 알았기 때문이다. 그러므로 복음을 전하기에 앞서 원수를 사랑하고 용서하며 하나 됨을 이루려는 노력이 먼저 있어야 한다.

03_바울의 마지막 예루살렘 방문은 성령을 거스른 것인가?

바울은 성령의 감동을 받은 주변 사람들로부터 예루살렘에 올라가지 말라는 권면을 받았다. 그러나 바울은 이를 뿌리치고 기필코 예루살렘에 올라갔다. 바울의 이런 행동에 대하여 크게 두 가지 주장이 제기된다. 하나는 성령의 뜻을 어겼다는 주장이고, 다른 하나는 성령의 뜻과 무관하다는 주장이다.

먼저 바울의 예루살렘행이 성령을 거스른 것이라는 주장에 대해 살펴보자. 이를 주장하는 이들이 근거로 삼는 성경 구절은 대략 세 곳이다.

> 보라 이제 나는 성령에 매여 예루살렘으로 가는데 거기서 무슨 일을 당할는지 알지 못하노라 오직 성령이 각 성에서 내게 증언하여 결박과 환난이 나를 기다린다 하시나 내가 달려갈 길과 주 예수께 받은 사명 곧 하나님의 은혜의 복음을 증언하는 일을 마치려 함에는 나의 생명조차 조금도 귀한 것으로 여기지 아니하노라 행 20:22-24
>
> 제자들을 찾아 거기서 이레를 머물더니 그 제자들이 성령의 감동으로 바울더러 예루살렘에 들어가지 말라 하더라 행 21:4
>
> 여러 날 머물러 있더니 아가보라 하는 한 선지자가 유대로부터 내려와 우리에게 와서 바울의 띠를 가져다가 자기 수족을 잡아매고 말하기를 성령이 말씀하시되 예루살렘에서 유대인들이 이같이 이 띠 임자를 결박하여

이방인의 손에 넘겨 주리라 하거늘 우리가 그 말을 듣고 그곳 사람들과 더불어 바울에게 예루살렘으로 올라가지 말라 권하니 행 21:10-12

이 세 곳의 공통점은 성령께서 바울이 예루살렘에 올라가는 것과 관련하여 말씀하셨다는 것이다. 다른 점이 있다면 사도행전 20장 22-23절은 성령께서 바울에게 친히 예루살렘에 어떤 일이 일어날 것을 말씀하셨다는 것이고, 사도행전 21장 4절과 21장 10-12절은 성령의 감동을 받은 사람들이 바울에게 예루살렘에 올라가지 말라고 권했다는 것이다.

혹자는 사도행전 21장 4절과 21장 10-12절 말씀에 근거하여 바울이 예루살렘에 올라가지 않는 것이 성령의 뜻임에도 불구하고 올라갔기 때문에 이는 성령의 뜻을 어긴 것이라고 주장한다. 언뜻 보면 바울이 성령의 음성에 순종하지 않고 고집을 피운 것처럼 보인다. 과연 바울은 성령의 뜻을 거스른 것인가? 성령의 뜻에 순종한 것인가? 이 질문에 답하려면 먼저 성령께서 바울에게 예루살렘과 관련하여 말씀하신 것이 바울에게 순종을 요구하신 명령인지를 살펴보아야 한다. 만일 하나님께서 바울에게 명령하신 것이라면 바울이 예루살렘에 올라간 것은 불순종이고, 명령이 아니었다면 바울은 불순종한 것이 아니다.

사도행전 21장 4절과 사도행전 21장 10-12절에서 '올라가지 말라'고 한 명령의 주체는 성령이 아니다. 즉 '예루살렘에 들어가지 말라'고 말한 주체는 제자들이다. 또한 선지자 아가보가 한 예언은 장차 바울이 예루살렘에서 당하게 될 일을 단지 예언한 것이지, 성령께서 바울에게 예루살렘에 올라가지 말라고 한 것이 아니다. 바울은 이미 성령께서 그가 예루살렘에 올라가면 결박과 환난이 기다린다고 말씀하신 것을 알고 있었다(행 20:23).

아가보의 예언과 바울의 말은 모두 성령이 주신 말씀이었다. 그러나 성령께서는 바울이 예루살렘에 가면 결박당할 것을 예고했을 뿐, 그에게 올라가지 말라고 명하신 것은 아니었다. 다시 말해, 바울에게 예루살렘으로 가지 말 것을 권한 것은 성령의 직접적인 지시를 받은 것이 아니라, 성령의 음성을 듣거나 감동을 받은 제자들이 바울을 염려하여 말한 것이었다(행 21:12, 14). 그러므로 바울이 받아들이지 않은 것은 성령의 명령이 아니라, 제자들의 진심 어린 권고였다.

제자들은 바울이 자신들의 권면을 받아들이지 않자 간청하기를 중단하고 "주의 뜻대로 이루어지이다"(행 21:14)라고 했다. 이는 주의 뜻이 이루어지도록 기도한 것이다. 그런데 어떻게 되었는가? 바울이 예루살렘에 올라갔다. 이는 그들이 기도의 응답을 받은 것이다. 따라서 바울이 예루살렘에 올라간 것은 성령의 뜻을 거스른 것이 아니라 오히려 순종한 것이다.

만일 바울이 예루살렘에 올라가는 것이 주님의 뜻이 아니라면 하나님께서 바울에게 직접 말씀하셨을 것이다. 성령께서 바울이 예루살렘에 올라가면 그에게 결박과 환난이 기다린다고는 말씀하셨어도 올라가지 말라고 하시지 않은 것은, 바울에게 선택권을 주신 것이다. 따라서 바울이 성령의 감동을 받은 자들의 말을 듣고 예루살렘으로 올라가느냐, 올라가지 않느냐는 선택의 영역이지 순종과 불순종의 영역이 아니다.

그러면 성령께서 바울이 예루살렘에서 겪게 될 일들에 대해 제자들에게 알려주신 이유는 무엇인가? 이는 바울을 위해서 기도하라는 것이다. 즉 예루살렘에서 당할 고난을 잘 감내할 수 있도록 중보하라는 것이다. 마찬가지로 우리가 기도할 때 다른 사람에 관해 이런저런 것을 보여주실 경우가 있다. 이는 그를 위해 기도하라는 뜻이지 외부로 발설하라는 것이 아니다. 소위 은사를 받은 자들 가운데 성령의 음성을 듣고 발설하여 상처를 입히는 경우가 종종 발생하는 것은, 기도하라고 보여주신 것을 말하기 때문이다.

바울이 성령의 뜻을 거스른 것이 아니라면, 두로의 제자들과 선지자 아가보는 성령의 음성을 잘못 들은 것인가? 결론적으로 그들이 성령의 음성을 잘못 들은 것은 아니다. 그들이 성령의 인도를 받아 말한 것이 틀림없다. 그들에게 한 가지 실수가 있다면 장차 바울이 예루살렘에 올라가서 겪을 환난을 보여주신 것은, 그를 위해 기도하라는 것인데 바울에게 올라가지 말라고 권한 것이다. 즉 적용을 잘못한 것이다.

그리스도인이 성령의 음성을 듣는 것은 특권이다. "내 양은 내 음성을 들으며 나는 그들을 알며 그들은 나를 따르느니라"(요 10:27). 그러나 성령의 음성을 듣고 이를 다른 사람에게 전달할 때는 매우 신중해야 한다. 몇 가지 주의할 사항이 있다.

첫째, 성령께서 상대방에게 전하라고 말씀하신 것인지, 그를 위해 기도하라고 말씀하신 것인지를 분별해야 한다. 앞서 언급했지만, 두로의 제자들과 선지자 아가보의 실수는 이를 분별하지 못한 데서 비롯된 것이다.

둘째, 자신이 완벽하게 하나님의 음성을 듣는다고 섣불리 확신하지 말고, 잘못 들을 수도 있다는 겸손한 마음으로 하나님께 분별력을 구해야 한다.

셋째, 주의 음성의 전달 방식과 태도에 신중해야 한다. 마치 구약시대 선지자처럼 상대방을 책망하는 태도로 전하는 것은 바람직하지 않다. "제가 기도하는 중에 성령께서 당신에 대한 어떤 감동을 주셨는데 전해도 될까요?"라고 하고, 이를 상대방이 들으려고 할 때 전해야 한다.

넷째, 전달하려는 메시지가 성경 말씀과 모순되지 않아야 한다. 성경은 하나님의 일관된 뜻을 보여주는 가장 중요한 기준이다.

다섯째, 공개적으로 다룰 내용인지, 아니면 개인적으로 조용히 전달해야 할 내용인지를 구분해서 신중하게 전해야 한다.

여섯째, 주의 음성을 받아들일지 말지는 온전히 상대방의 몫임을 알아야 한다.

일곱째, 메시지를 전달하는 것은 자신의 역할이지만, 그 메시지를 통해 역사하시는 분은 하나님이심을 기억해야 한다. 따라서 메시지를 전달한 후 그 결과에 대해서는 하나님께 모든 것을 맡겨야 한다.

PART
8

왜 바울은
유대인 전도에
목숨을 걸었는가?

PART 8

01_ 이방인 선교사이지만 먼저 유대인에게 복음을 전해야 함을 알았기 때문이다

02_ 유대인의 구원과 주의 재림이 불가분의 관계임을 알았기 때문이다

03_ 유대인을 단지 구원의 대상이 아니라 세계 선교의 주역으로 보았기 때문이다

왜 **바울**은
유대인 전도에
목숨을 걸었는가?

01_이방인 선교사이지만 먼저 유대인에게 복음을 전해야 함을 알았기 때문이다

바울은 원래 유대교에 열심이 있던 바리새파였고, 심지어 그리스도인들을 핍박하는 일에 앞장섰던 자였다. 하지만 그가 다메섹 도상에서 부활하신 예수님을 만난 후, 그의 인생은 완전히 뒤바뀌었다. 하나님께서는 그를 이방인을 위한 특별한 도구로 선택하셨고, 바울도 자신을 이방인 선교사로 명확히 인식하고 있었다. 이런 사실은 그가 여러 교회에 보낸 편지를 통해 확인할 수 있다.

바울은 갈라디아 교회에 보낸 편지에서 하나님께서 베드로는 할례자에게 복음을 전하게 하셨듯이, 자신은 이방인에게 복음을 전하게 하셨다고 한다.

> 도리어 그들은 내가 무할례자에게 복음 전함을 맡은 것이 베드로가 할례자에게 맡음과 같은 것을 보았고 베드로에게 역사하사 그를 할례자의 사도로 삼으신 이가 또한 내게 역사하사 나를 이방인의 사도로 삼으셨느니라 또 기둥 같이 여기는 야고보와 게바와 요한도 내게 주신 은혜를 알므로 나와 바나바에게 친교의 악수를 하였으니 우리는 이방인에게로, 그들은 할례자에게로 가게 하려 함이라 갈 2:7-9

바울은 에베소 교회에 보낸 편지에서 자신이 그리스도 예수의 일로 이방인들을 위해 갇힌 자가 되었고, 이방인에게 복음의 비밀을 알리는 것이 그의 사명이라고 강조한다.

> 이러므로 그리스도 예수의 일로 너희 이방인을 위하여 갇힌 자 된 나 바울이 말하거니와 너희를 위하여 내게 주신 하나님의 그 은혜의 경륜을 너희가 들었을 터이라 곧 계시로 내게 비밀을 알게 하신 것은 내가 먼저 간단히 기록함과 같으니 그것을 읽으면 내가 그리스도의 비밀을 깨달은 것을 너희가 알 수 있으리라 이제 그의 거룩한 사도들과 선지자들에게 성령으로 나타내신 것 같이 다른 세대에서는 사람의 아들들에게 알리지 아니하셨으니 이는 이방인들이 복음으로 말미암아 그리스도 예수 안에서 함께 상속자가 되고 함께 지체가 되고 함께 약속에 참여하는 자가 됨이라 이 복음을 위하여 그의 능력이 역사하시는 대로 내게 주신 하나님의 은혜의 선물을 따라 내가 일꾼이 되었노라 모든 성도 중에 지극히 작은 자보다 더 작은 나에게 이 은혜를 주신 것은 측량할 수 없는 그리스도의 풍성함을 이방인에게 전하게 하시고 영원부터 만물을 창조하신 하나님 속에 감추어졌던 비밀의 경륜이 어떠한 것을 드러내게 하려 하심이라 **엡 3:1-9**

바울은 로마 교회에 보낸 편지에서 자기가 이방인의 사도인 것을 매우 영광스럽게 생각한다고 말한다.

> 내가 이방인인 너희에게 말하노라 내가 이방인의 사도인 만큼 내 직분을 영광스럽게 여기노니 **롬 11:13**

바울은 이방인 선교사답게 이방인이 유대 율법을 지키지 않고도 오직 믿음으로 구원받을 수 있다는 신학을 확립함으로써 이방인 선교에 지대한 공헌을 했다. 만일 바울이 이신칭의론을 확립하지 않았다면 복음은 유대인을 벗어나지 못했을 것이고 세계 복음화를 향해서 한 걸음도 내딛지 못했을 것이다.

그런데 성경은 바울이 이방인 선교사였지만 가장 먼저 복음을 전한 대상은 유대인이었다고 증언한다.

> 즉시로 각 회당에서 예수가 하나님의 아들이심을 전파하니 듣는 사람이 다 놀라 말하되 이 사람이 예루살렘에서 이 이름을 부르는 사람을 멸하려던 자가 아니냐 여기 온 것도 그들을 결박하여 대제사장들에게 끌어 가고자 함이 아니냐 하더라 사울은 힘을 더 얻어 예수를 그리스도라 증언하여 다메섹에 사는 유대인들을 당혹하게 하니라 행 9:20-22
>
> 바울과 바나바가 담대히 말하여 이르되 하나님의 말씀을 마땅히 먼저 너희에게 전할 것이로되 너희가 그것을 버리고 영생을 얻기에 합당하지 않은 자로 자처하기로 우리가 이방인에게로 향하노라 행 13:46
>
> 내가 복음을 부끄러워하지 아니하노니 이 복음은 모든 믿는 자에게 구원을 주시는 하나님의 능력이 됨이라 먼저는 유대인에게요 그리고 헬라인에게로다 롬 1:16

바울은 이방인의 사도인데 왜 이방인보다 먼저 유대인에게 복음을 전했을까?

첫째로, 구약의 예언과 하나님의 구원 계획을 알고 있었기 때문이다. 바울은 하나님께서 아브라함과 맺으신 언약, 그리고 이스라엘 백성을 통해 메시아를 보내시고 구원 역사를 이루시겠다고 약속하신 것을 잘 알았기에 먼저 유대인에게 복음을 전하는 것은, 하나님의 언약을 존중하고 하나님의 구원 계획에 동참하는 것으로 생각했을 것이다.

앞서 바울이 로마 교회에 보낸 편지에서 "내가 복음을 부끄러워하지 아니하노니 이 복음은 모든 믿는 자에게 구원을 주시는 하나님의 능력이 됨이라 먼저는 유대인에게요 그리고 헬라인에게로다"(롬 1:16)라고 한 것은 유대인이 하나님의 구원 계획에 있어서 우선순위를 가지고 있다는 것을 알았기 때문이다. 따라서 바울이 먼저 유대인에게 복음을 전한 것은 지극히 당연하다.

둘째로, 유대인에게 먼저 복음을 전하는 것을 탁월한 전도 전략이라고 생각했기 때문이다. 당시 각 도시에 흩어져 살던 유대인들은 회당을 중심으로 신앙생활을 영위했다. 회당에 모인 유대인들은 이미 구약 성경에 대한 지식과 메시아 대망 사상을 가지고 있었다. 바울은 이 점을 활용하여 구약의 예언이 예수 그리스도 안에서 성취되었음을 논리적으로 설명하고 설득할 수 있었다. 이는 아무런 배경 지식이 없는 이방인에게 처음부터 복음을 전하는 것보다 훨씬 효율적이었다.

또한 회당에는 유대인뿐만 아니라 하나님을 경외하는 '경건한 이방인'도 있었다. 이들은 유대교의 가르침에 관심을 가지고 회당에 참석했던 자들로, 구약 성경에 대한 기본적인 이해가 있었기에 바울의 메시지를 더 받아들이기 쉬웠다. 실제로 사도행전에서 바울이 회당에서 복음을 전했을 때, 유대인보다 이 경건한 이방인들이 더 잘 반응하는 경우가 많았다(행 13:43; 16:14).

셋째로, 복음이 이방인에게 넘어가는 과정을 알았기 때문이다. 바울은 먼저 유대인에게 복음을 전하지 않으면 이방인에게 넘어갈 수 없고 모든 사람이 구원받을 수 없다는 것을 알았다. 즉 유대인이 거절하므로 복음이 이방인에게 넘어가고 이방인으로 말미암아 유대인을 시기나게 함으로 하나님께서 유대인을 돌아오게 하신다는 것을 알았기에 먼저 유대인에게 복음을 전한 것이다(롬 11:11, 25).

그런데 바울은 이렇게 유대인을 전도하려고 애를 썼지만 안타깝게도 유대인 전도의 무용론을 주장하는 자들이 있다.

혹자는 유대인이 잠시 예수를 그들의 메시아로 받아들이지 않고 있지만, 여전히 하나님의 백성으로 남아 있기 때문이라고 한다. 그들은 이미 하나님의 백성이므로 그들에게는 복음을 전할 필요가 없고 이방인에게만 전하면 된다고 주장한다.

혹자는 유대인 구원과 이방인 구원은 각기 다른 방법으로 이루어진다고 보기 때문이다. 즉 유대인은 모세의 율법을 통해, 이방인은 예수 그리스도의 은혜를 통해 구원이 이루어지므로 유대인에게는 복음인 예수 그리스도를 전할 필요가 없다는 주장이다.

그런데 성경은 어떻게 말씀하는가? 누구든지 예수께서 자신의 죄를 대신하여 십자가에 못 박혀 죽으시고 부활하신 사실, 곧 복음을 믿지 않고는 구원을 받을 수 없다고 말씀한다(롬 10:9; 행 4:12). 즉 예수께서 자신의 구원자와 주로 믿지 않으면 결코 하나님의 자녀가 될 수 없다(행 2:36; 요 1:12).

바울은 이렇게 말한다. "내가 복음을 부끄러워하지 아니하노니 이 복음은 모든 믿는 자에게 구원을 주시는 하나님의 능력이 됨이라 …"(롬 1:16). '모든 사람'은 유대인과 이방인을 구분하지 않는다. 따라서 이방인뿐만 아니라 유대인들이 복음을 믿고 구원을 받을 수 있도록 그들에게 복음을 전해야 한다. 바울이 이방인 선교사였음에도 유대인 전도에 최선을 다했듯이, 우리도 이방인으로서 유대인을 구원하는 일에 지대한 관심을 가져야 한다.

02_유대인의 구원과 주의 재림이 불가분의 관계임을 알았기 때문이다

바울은 유대인의 구원과 예수님의 재림이 하나님의 구원 계획에서 긴밀하게 연결된 핵심 요소라고 보았다. 이러한 관점은 주로 로마서 9-11장에 잘 나타나 있으며, 바울은 이를 세 가지 논리적 근거로 설명한다.

첫째로, 유대인의 일시적인 불순종이 이방인의 구원으로 이어졌다고 주장한다. 하나님께서 유대인들을 영원히 버리신 것이 아니라, 그들의 불순종을 이방인들이 구원을 얻는 기회로 삼으셨다고 말한다(롬 11:11-12, 25). 바울은 이것을 '신비'라고 하며 이를 모르기를 원치 않는다고 말한다. 바울은 유대인들의 불순종으로 인해 복음이 이방 세계로 확장되었으며, 이는 "이방인의 충만한 수가 들어오기까지"(롬 11:25) 지속된다고 보았다.

둘째로, 바울은 이방인의 충만한 수가 차면, 하나님께서 다시 유대인들에게 구원의 은혜를 베푸신다고 생각했다. 즉, 유대인들의 완악함은 영구적이지 않고, 하나님께서 정하신 때에 유대인 전체가 다시 구원을 받게 될 것이라고 본다. "그리하여 온 이스라엘이 구원을 받으리라 기록된 바 구원자가 시온에서 오사 야곱에게서 경건하지 않은 것을 돌이키시겠고 내가 그들의 죄를 없이 할 때에 그들에게 세울 나의 언약이 이것이라 함과 같으니라"(롬 11:26-27).

그런데 여기서 '온 이스라엘'이 무엇을 의미하는지는 크게 두 가지 신학적 견해가 있다. 하나는 바울이 앞에서 언급한 유대인들의 완악함과 대조되는 개념으로, 혈통적 이스라엘 전체의 영적인 회복을 의미하는 것으로 이해하는 것이다. 다른 하나는 단순히 유대인만을 지칭하는 것이 아니라, 하나님의 선택받은 백성 전체, 즉 유대인과 이방인 신자를 포함하는 영적인 이스라엘 공동체를 의미하는 것으로 이해하는 것이다. 전자가 일반적인 견해다.

셋째로, 바울은 유대인들의 궁극적인 회복이 그리스도의 재림과 깊이 연관되어 있다고 보았다. 즉 유대인들이 예수를 메시아로 인정하고 받아들이는 것은 주의 재림에 앞서 일어날 중요한 징조이며, 종말론적인 사건이라는 것이다. 바울은 유대인들의 영적 회복은 주의 재림에 선행하는 주요한 사건이며, 이방인의 복음화와 유대인의 회복은 하나님의 구원 계획의 마지막 단계로서 주의 재림으로 완성된다고 이해했다.

바울은 이렇게 유대인의 구원은 단순히 한 민족의 구원이 아니라, 하나님의 전 우주적인 구원 계획의 중요한 퍼즐 조각이자 주님의 재림을 알리는 중요한 표징으로 보았기에 유대인을 제자 삼아 복음을 전하는 일에 목숨을 걸었다.

그런데 의외로 유대인의 구원을 부정적으로 바라보는 이들이 있다. 여기서는 크게 세 부류만 살펴본다.

첫째로, '대체 신학'(Supersessionism)이다. 이는 한마디로 교회가 구약시대의 이스라엘 백성을 대체하여 하나님의 택하신 백성이 되었기 때문에 이스라엘 민족에게 주어진 옛 언약과 약속들은 이제 교회 안에서 성취되었거나 무효화되었다고 보는 견해다.

이들은 구약 성경에 나오는 이스라엘 민족에 대한 예언들(땅, 왕국, 번영 등)은 문자적으로 이스라엘 민족에게 성취되는 것이 아니라, 영적으로 교회 안에서 성취되었다고 해석한다. 예를 들어, 예루살렘의 회복이나 이스라엘 민족의 번영에 대한 예언은 문자적 이스라엘이 아닌 영적 이스라엘인 교회의 번영으로 이해한다. 따라서 "온 이스라엘이 구원을 받으리라"(롬 11:26)'는 말씀도 혈통적 유대인이 아닌 영적 이스라엘(교회)의 구원을 뜻한다고 해석하므로 유대인에게 더 이상 특별한 구원 계획이나 미래가 없다고 보고 그들을 구원의 대상에서 제외한다.

그런데 정말 그럴까? 바울은 이렇게 말한다. "그러므로 내가 말하노니 하나님이 자기 백성을 버리셨느냐 그럴 수 없느니라 나도 이스라엘인이요 아브라함의 씨에서 난 자요 베냐민 지파라"(롬 11:1). "형제들아 내 마음에 원하는 바와 하나님께 구하는 바는 이스라엘을 위함이니 곧 그들로 구원을 받게 함이라"(롬 10:1). 따라서 이방인에게만 구원이 임하고, 유대인의 구원은 종료되었다는 주장은 비성경적이다. 아직도 유대인에 대한 하나님의 구원 계획은 진행 중이다.

둘째로, '반유대주의'(Antisemitism)다. 이는 유대인들을 향한 증오, 편견, 차별, 그리고 적대감을 총칭하는 용어다. 반유대주의가 만들어진 배경은 크게 다섯 가지로 볼 수 있다.

하나, 유대인이 예수를 십자가에 못 박아 죽인 살해자라는 낙인이 찍혔기 때문이다. 기독교가 확산되며 유대인들에게 예수를 십자가에 못 박은 책임을 묻는 종교적 비난이 커졌다(마 27:25).

아이러니하게도 종교적으로 반유대주의에 불을 지핀 사람은 종교개혁자 마르틴 루터였다. 마르틴 루터는 초기엔 유대인의 개종을 기대하며 온건했지만, 기대와 달리 개종이 이루어지지 않자 점차 분노하고 적대적인 태도로 변하여 유대인들을 '악마의 자식들', '거짓말쟁이', '예수를 죽인 자들'이라고 비난하며 혐오스러운 표현을 거리낌 없이 사용했다.

특별히 1543년에 《유대인들과 그들의 거짓말에 대하여》라는 책을 통하여 유대인들의 회당과 학교를 불태우고 그들의 집을 파괴하며, 종교 서적을 몰수하고 랍비들의 설교를 금지하며, 돈과 재산을 빼앗고, 강제 노역에 처하거나 추방해야 한다고 주장했다.

둘, 유대인의 종교적 불관용 때문이다. 유대인들이 기독교로 개종하기를 거부하고 그들의 종교와 문화를 고수하므로 이에 대한 반감이 극에 달했다. 유대교는 유일신 야훼(YHWH)를 숭배하는 종교로서, 다른 신이나 우상숭배를 엄격히 금지한다. 이러한 유일신 사상은 자연스럽게 다른 종교에 대한 배타적인 태도로 이어졌다.

또한 유대인들은 역사적으로 주변 강대국들의 침략과 지배를 받으면서 자신들의 종교적 정체성을 지키는 것이 민족의 생존과 직결된다고 여겼다. 바빌론 유수, 헬레니즘 왕조의 마카베오 전쟁,

로마 제국의 지배 등 고난의 역사 속에서 유대교는 유대인들의 정체성 그 자체가 되었고, 외부 종교에 대한 경계심은 더욱 강화되었다.

셋, 피해의식과 음모론 때문이다. 중세 흑사병 창궐 시기에는 유대인들이 우물에 독을 탔다는 등의 유언비어가 퍼져 대규모 학살(포그롬)로 이어졌고, 성찬 모독, 의식 살인(어린아이를 잡아 피를 제물로 바친다는 거짓 주장) 등의 비난이 있었으므로 유대인에 대한 반감은 극에 달했다.

넷, 유대인들은 종종 특정 지역(게토)에 강제로 격리되거나, 특정 직업(상업, 고리대금업 등)만 허용되어 사회 주류와 분리되면서 상업과 금융업에 종사하는 경우가 많았다. 그런데 유대인들이 이로 인해 부를 축적하자 질투와 반감이 생겨났고 국왕이나 귀족들이 재산을 몰수하기 위해 반유대주의를 부추겼기 때문이다.

다섯, 민족주의의 대두이다. 민족주의가 급부상하면서 유대교가 아닌 유대인이라는 인종 자체를 열등하고 위험한 존재로 보는 시각이 나타났고, 아돌프 히틀러와 나치 정권은 유대인을 순수 아리안족을 오염시키는 존재로 규정하여 약 600만 명의 유대인을 학살하기에 이르렀다.

셋째로, 셈족의 유대인들은 소멸되었으므로 그들에 대한 구원도 끝났다는 주장이다. 이들은 지금 유대인은 성경적 유대인이 아니기 때문에 유대인들을 위한 구원은 없다고 주장한다. 그러나 셈족만이 유대인이 아니라는 것은 출애굽 당시 수많은 잡족이 있었음을 통해서 알 수 있다(출 12:38). 이스라엘과 함께 거류하는 타국인도 할례를 받고 여호와의 유월절을 지킬 수 있었다(출 12:48). 즉 타국인도 자신들이 원하고 율법을 따르면 유대인이 될 수 있었다.

이와 같은 증거는 신약 성경에서도 확인된다. 유대인들은 오순절 명절을 지키기 위해 이스라엘에 거주하는 유대인들만 아니라, 디아스포라 유대인들도 예루살렘에 모였다. 누가는 그들에 대하여 이렇게 말한다. "… 온 나그네 곧 유대인과 유대교에 들어온 사람들과"(행 2:10). 유대교에 들어온 사람은 혈통적 유대인이 아니고 율법에 따라 유대교로 개종한 사람이다.

아브라함의 후손인 셈족은 이천여 년 동안 흩어져 살면서 동화되거나 멸절되었으므로 이스라엘 안에서도 극소수에 불과하다. 대부분의 유대인은 셈족이 아니지만 유대교를 국교로 삼은 후손으로 '아슈케나짐'(Ashkenazim)이다. 이들은 카자르(Khazar) 왕국의 후손들로 보는 학설이 지배적인데, 셈족의 유대인보다 더 절저히 율법을 지키고 시온이즘을 확산시켜 현대 이스라엘 건국에 지대한 공헌을 했고, 지금까지 국가를 경영하고 있다. 따라서 셈족의 유대인들이 소멸되었다는 이유로 그들에 대한 구원도 끝났다고 주장하는 것은 타당하지 않다.

그러면 유대인은 언제 구원을 받는가? 성경은 이곳저곳에서 유대인의 구원 시기에 대하여 말씀하고 있다.

다니엘은 일흔 이레가 차야 유대인의 구원과 회복이 이루어진다고 말한다. "네 백성과 네 거룩한 성을 위하여 일흔 이레를 기한으로 정하였나니 허물이 그치며 죄가 끝나며 죄악이 용서되며 영원한 의가 드러나며 환상과 예언이 응하며 또 지극히 거룩한 이가 기름 부음을 받으리라"(단 9:24). 여기서 일흔 이레는 예수님의 초림의 육십구 이레와 한 이레를 합친 것이다. 칠십 이레가 되면 곧 칠 년 환난이 끝날 때 예수님께서 재림하시고, 유대인의 남은 자들이 예수님을 영접하므로 유대인들이 구원을 얻으며 예수께서 새로운 왕국인 천년왕국의 왕으로 기름 부음을 받는다는 것이다.

스가랴는 하나님께서 유대인들에게 은총과 간구의 심령을 부어 주셔서 애통할 때 구원이 이루어진다고 말한다. "내가 다윗의 집과 예루살렘 주민에게 은총과 간구하는 심령을 부어 주리니 그들이 그 찌른 바 그를 바라보고 그를 위하여 애통하기를 독자를 위하여 애통하듯 하며 그를 위하여 통곡하기를 장자를 위하여 통곡하듯 하리로다"(슥 12:10).

그러나 하나님께서 언제 그들에게 은총과 간구의 심령을 부어 주실지 모른다. 물론 이전에도 유대인들 가운데 부분적으로 구원받을 사람들이 있다. 율법이 아닌 복음을 믿는 자는 누구든지 구원을 받을 수 있다.

바울은 앞서 언급한 대로 이방인의 수가 충만해지면 온 이스라엘이 구원을 받는다고 말한다. "형제들아 너희가 스스로 지혜 있다 하면서 이 신비를 너희가 모르기를 내가 원하지 아니하노니 이 신비는 이방인의 충만한 수가 들어오기까지 이스라엘의 더러는 우둔하게 된 것이라 그리하여 온 이스라엘이 구원을 받으리라 기록된 바 구원자가 시온에서 오사 야곱에게서 경건하지 않은 것을 돌이키시겠고 내가 그들의 죄를 없이 할 때에 그들에게 이루어질 내 언약이 이것이라 함과 같으니라"(롬 11:25-27).

성경 기자들은 유대인의 구원 시기와 예수님의 재림이 불가분의 관계에 있음을 다양하게 증언한다. 이러한 관점에서 볼 때, 최근 유대교인 중 그리스도교로 개종하는 자들이 급속히 증가하고 있다는 사실은 매우 중요하다.

2021년 메시아닉 교회를 연구하는 '카스파리 센터'(Caspari Center)의 조사에서는 성인 메시아닉 유대인 수가 8,125명이라고 추정한다. 미성년자까지 포함하면 약 2만 4천-4만 명에 이를 것으로 추산된다. 40년 전에는 열 가정 정도밖에 되지 않은 것에 비하면 폭발적으로 증가한 수치다.

최근 자료(2025년 3월 기준)에 따르면, 약 300개의 메시아닉 회중과 가정 모임이 있다고 보고된다. 일부 자료에서는 150개에서 250개 사이의 회중 및 가정 모임을 추정하기도 한다. 2025년 7월 5일자 나무위키 자료에 의하면, 메시아닉 유대교의 교세는 전 세계적으로 약 35만 명으로 추산하고, 과거에는 매우 적었던 이스라엘 내 메시아닉 유대인 수가 최근 몇 년간 상당한 성장을 했다고 말한다.

이러한 수치는 무엇을 의미하는가? 이는 주님의 재림이 매우 가까웠음을 보여주는 징표다. 주님이 재림을 정말 사모한다면 구원받은 유대인들의 수가 폭발적으로 증가하도록 유대인을 제자 삼아 그들과 함께 복음을 전해야 한다.

03_유대인을 단지 구원의 대상이 아니라 세계 선교의 주역으로 보았기 때문이다

앞서 살핀 대로 이스라엘의 회복과 예수 그리스도의 재림은 불가분의 관계에 있으므로 교회와 각종 선교 단체들은 유대인을 주님께 인도하기 위해 진력하고 있다. 한 보고서에 따르면 2025년 현재, 이스라엘 내에만 유대인 선교단체가 90여 곳에 이르고 최근 5년간 전 세계 교회들이 유대인을 개종시키기 위해 약 10억 달러 이상을 투자했다고 한다.

그런데 일반적으로 유대인 선교단체들은 유대인을 그리스도께 인도하는 데 목적을 두지, 그들을 제자 삼아 유대인들을 그리스도께로 인도하도록 훈련하는 것을 목적으로 삼지 않는다. 그런데 바울은 2천 년 전, 단지 유대인에게 복음을 전하는 데서 그치지 않고, 구원받은 자들을 훈련하여 전도제자로 삼았다.

> 복음을 그 성에서 전하여 많은 사람을 제자로 삼고 루스드라와 이고니온과 안디옥으로 돌아가서 행 14:21
> 바울이 더베와 루스드라에도 이르매 거기 디모데라 하는 제자가 있으니 그 어머니는 믿는 유대 여자요 아버지는 헬라인이라 행 16:1
> 바울이 회당에 들어가 석 달 동안 담대히 하나님 나라에 관하여 강론하며 권면하되 어떤 사람들은 마음이 굳어 순종하지 않고 무리 앞에서 이 도를 비방하거늘 바울이 그들을 떠나 제자들을 따로 세우고 두란노 서

원에서 날마다 강론하니라 행 19:8-9

이 여러 날 후에 여장을 꾸려 예루살렘으로 올라갈새 가이사랴의 몇 제자가 함께 가며 한 오랜 제자 구브로 사람 나손을 데리고 가니 이는 우리가 그의 집에 머물려 함이라 행 21:15-16

물론 바울이 제자 삼은 자 중에는 유대인만이 있지 않고 이방인도 있었다(행 14:1; 19:8-9). 그런데 분명한 사실은 바울이 먼저 복음을 전해서 제자 삼은 대상은 유대인이었다.

바울이 이렇게 한 데에는 여러 이유가 있지만, 무엇보다 유대인이 '제자 삼으라'는 예수님의 명령을 가장 먼저 받은 사람들이기 때문이다. 그렇다. 예수께서 처음으로 '가서 제자 삼으라'고 명령하신 대상은 유대인이다. 그러므로 그들은 당연히 이 명령에 순종해야 한다.

그런데 유대인이 제자 삼게 하려면 그들이 그렇게 하도록 훈련해야 한다. 'D3전도중심제자훈련'은 이 일에 사명을 가지고 디아스포라 유대인뿐 아니라 이스라엘에 있는 유대인들을 제자 삼도록 훈련하고 있다. 제자는 태어나는 것이 아니라 훈련을 통해 길러진다. 훈련 없이는 결코 제자가 될 수 없다.

혹자는 우리보다 성경을 더 잘 아는 유대인을 어떻게 제자 삼을 수 있느냐고 말한다. '메시아닉 주'(유대교에서 그리스도교로 개종한 유대인)들의 증언을 종합해 보면 대부분의 유대인은 타나크(구약성경)를 많이 읽지 않기 때문에 성경에 무지하다고 한다. 유대인들이 일상적으로 곁에 두고 읽는 책은 타나크가 아니라 탈무드다.

유대인들이 성경에 무지하다는 사실은 예수님과 사두개인들의 부활 논쟁에서도 드러난다. 사두개인들이 부활이 없음을 증명하기 위해 '계대결혼' 문제를 꺼내자, 예수님은 이렇게 대답하셨다. "…너희가 성경도, 하나님의 능력도 알지 못하는 고로 오해하였도다 부활 때에는 장가도 아니 가고 시집도 아니 가고 하늘에 있는 천사들과 같으니라"(마 22:29-30). 예수께서 유대인들에게 성경을 모른다고 하셨다면 정말 그들이 성경을 모르는 것이다.

유대인을 제자 삼는 일은 오히려 생각보다 쉬울 수 있다는 점을 알아야 한다. 왜냐하면 유대인들은 본래 제자훈련에 익숙하기 때문이다. 유대교에서는 토라와 탈무드를 배우는 것을 하나님을 믿는 신앙과 똑같이 생각한다. 랍비들은 공부를 기도보다 가장 높은 형태의 예배라고 생각한다. 그리고 하나님과 협력해 세상을 유지하는 사업에 동참하려면 먼저 섭리를 이해해야 하므로 공부를 기도 못지않게 하나님을 찬미하는 일로 간주한다.

탈무드에는 이런 말이 있다. "하나님은 1천 개의 재물보다 한 시간의 배움을 기뻐하신다." 정통파 유대인은 율법을 따르지 않으면 죽거나 저주받거나 처벌을 받는다고 생각하므로 율법 준수를 종교적인 차원이 아니라 생사가 걸린 문제로 인식하여 필사적으로 공부한다. 따라서 유대인들이 복음을 믿게 한 후에 그들이 다른 사람에게 복음을 전하도록 훈련하면 바울과 같은 복음 전도자가 나올 수 있다.

수개월 전 브래드TV에서 갈릴리 북부의 'Fields of Wheat' 선교단체가 마태복음 9장 37-38절에 근거해 심도 있는 제자 양육을 한다는 소식을 접했다. 이 소식을 듣고 가슴이 뛰었다. 필자 역시 이 말씀을 묵상하며 제자 훈련의 필요성을 깨달았기 때문이다.

오래전 필자는 서울 외곽의 분당에 교회를 개척하고 전도에 열심을 내고 있었다. 새벽마다 마태복음 9장 37-8절 말씀을 근거로 이렇게 기도했다.

"하나님, 우리 교회에 추수할 일꾼들을 보내 주십시오."

그런데 갑자기 내게 이런 의문이 들었다.

'만일 다른 교회의 일꾼이 우리 교회로 오면 그 교회는 어떻게 되지?'

그러면서 마태복음 9장 37-38절 말씀 전후를 자세히 읽었다. 그 과정에서 예수께서 "추수할 것은 많되 일꾼이 적으니 그러므로 추수하는 주인에게 청하여 추수할 일꾼들을 보내 주소서 하라"고 하셨지만 실제로 추수할 일꾼이 밖에서 오지 않고, 예수께서 이를 말씀하신 후 제자들을 부르사 더러운 귀신을 쫓아내며 모든 병과 모든 약한 것을 고치는 권능을 주신 후 그들을 파송하신 것을 발견했음을 발견했다.

이는 무엇을 의미하는가? 예수께서 추수할 일꾼들을 보내달라고 기도하라고 하신 것은 외부에서 복음 전도자가 오도록 기도하라는 뜻이 아니라 우리가 전도제자를 만들어서 파송하라는 뜻으로 말씀하신 것이다.

　전도제자는 훈련으로 만들어진다. 따라서 유대인이 주님께 돌아오도록 기도만 하지 말고 그들이 복음을 받아들이고 훈련받아 다른 사람에게 복음을 전하는 자가 되도록 기도하고 훈련해야 한다.
　유대인은 단지 전도 대상자가 아니라 세계 복음화의 핵심 주체다. 바울이 다메섹 도상에서 부활하신 주님을 만난 후 복음 전도자가 된 것은, 제자들과 함께 지내며 전도 훈련을 받았기 때문이다. 유대인 중에서 바울처럼 예수께서 메시아이심을 깨닫는 자가 나오면 그도 바울처럼 복음을 전하는 일에 목숨을 걸 것이다.
　마지막 환난 시대에 복음을 전하려면 바울처럼 목숨을 걸어야 하는데 이 일에 유대인보다 더 적합한 자는 없다. 왜냐하면 유대인에게만 메시아 대망 사상이 있기에 예수께서 메시아라는 것을 깨닫는다면 목숨을 걸고 이를 증언하는 것은 매우 자연스러운 반응이기 때문이다. 따라서 유대인을 세계 선교의 주역으로 알고 목숨을 걸고 성령의 능력으로 유대인을 제자 삼아야 한다.

PART

9

바울이 복음을 전하여
교회를 세운
궁극적인 이유는 무엇인가?

PART 9

01_바울은 복음을 전하여 교회를 세웠다
02_바울은 교회를 하나님 나라 건설의 도구로 이해했다
03_바울의 복음 전도와 교회의 방향성을 공유해야 한다

**바울이 복음을 전하여
교회를 세운
궁극적인 이유는 무엇인가?**

01_바울은 복음을 전하여 교회를 세웠다

　바울이 전도 여행을 통해 이동한 총거리는 얼마나 될까? 바울의 전도 여행을 연구한 학자 '메멋 타스리알란'(Mehmet Taslialan)에 따르면, 바울은 전도를 위해 약 2만km의 거리를 여행했다고 한다. 이는 지구 둘레의 절반 거리에 해당한다. 선박은 가능했지만, 비행기나 자동차가 없던 시대라는 것을 고려한다면 실로 놀라운 여정이 아닐 수 없다. 그와 동역자들의 수고와 헌신 덕분에 불과 30년 만에 기독교 복음은 로마 제국 전역으로 퍼졌고, 마침내 제국의 수도 로마에까지 이르렀다.

　그런데 바울은 전도 여정에서 예수 그리스도의 좋은 소식을 선포하고 개인을 회심시키는 것으로 그치지 않았다. 그는 복음을 들은 이들을 공동체로 묶어 하나님의 교회를 세웠다. 예수님을 따르는 자들의 가정을 중심으로 가정교회를 이루었다. 바울이 세운 대표적인 교회로는 데살로니가 교회, 고린도 교회, 빌립보 교회, 에베소 교회 등이 있다. 당시 바울이 개척한 교회는 성도의 집에서 모임을 가진 가정교회였다.

　바울이 가는 곳마다 유대인들이 좇아와서 핍박했기 때문에 복음을 전하는 것만으로도 벅찬 일이었다. 그러나 바울은 특별한 경우를 제외하고 대부분 교회를 세웠다. 우리가 알다시피 바울은 다메섹 도상에서 부활하신 예수님을 만난 후 아나니아로부터 그의 사명에 대해서 전해 들었다. "주께서 이르시되 가라 이 사람은 내 이름을 이방인과 임금들과 이스라엘 자손들에게 전하기 위하여 택한 나의 그릇이라"(행 9:15). 바울은 이렇게 복음 전도자로 사명을 받았기에 이방인과 임금들과 이스라엘 자손들에게 복음을 전하면 그가 받은 사명에 충실한 것이다.

그런데 바울은 왜 복음을 전하는 데 그치지 않고 교회를 세웠을까? 이 질문에 대한 탐구는 매우 생산적이며 의미 있는 일이다. 왜냐하면 바울이 복음만 전하지 않고 교회를 개척한 이유를 알면 우리도 바울처럼 복음을 전하고 교회를 세우려 하기 때문이다.

필자는 이를 크게 네 가지 이유에서 생각해 보았다.

첫째로, 복음은 일회성 메시지로 끝나서는 안 되기 때문이다. 예나 지금이나 복음을 자유롭게 전할 수 있는 나라에서는 노방에서 전단지를 나눠주거나 외침 전도를 한다. 상대방에게 복음을 전하면 예수를 영접하는 경우도 있다. 그런데 그 사람이 제대로 신앙생활을 하는지 안 하는지 알 수 없다. 교회에 소속되어 지속적으로 양육을 받지 않으면 복음은 일회성 메시지로 끝나고 사라질 위험이 크다.

복음은 한 번 듣고 끝나는 것이 아니라, 공동체 안에서 지속적으로 가르침과 실천을 통해 뿌리내려야 한다. 바울은 이를 알기에 교회를 개척하여 복음이 특정 지역에 뿌리내리고, 그곳에서 대대로 이어져 나갈 수 있는 기반을 마련했다.

필자는 'D3전도중심제자훈련' 보급차 영국에 다섯 차례 방문했다. 그중에서 가장 인상 깊었던 것은 330차와 339차 세미나였다. 두 번 모두 런던목양교회(송기호 목사)에서 했는데 특별히 그 교회를 섬기는 김주한 형제(영국명 존 킴)가 큰 은혜를 받았다. 그는 세미나 후 나를 만난 자리에서 그의 고민을 털어놓았다.

"목사님, 저는 거의 날마다 역전이나 공원 등 사람들의 왕래가 많은 곳에서 복음을 전합니다. 어떤 경우는 서너 명, 어떤 경우는 십여 명, 어떤 경우는 수십 명, 어떤 경우는 백여 명의 결신자들이 나옵니다. 그런데 그들이 신앙생활을 제대로 하는지 알 수 없어서 항상 고민했습니다. 그런데 'D3전도중심제자훈련'으로 예수님을 영접한 자들을 상대로 제자 삼으면 이 문제를 해결할 수 있을 것 같아 기쁨과 소망이 넘칩니다."

이러한 고민은 모든 전도자가 겪는 현실적인 문제다. 그러나 예수님을 영접한 자들을 훈련시키고 그들과 함께 가정교회를 세우면 이 문제는 자연스럽게 해결될 수 있다.

그곳에서 세미나를 한 지 몇 개월이 지나서였다. 김주한 형제가 다시 한번 훈련을 받고 싶다 하여 다시 영국으로 가서 'D3가정교회 개척세미나'라는 이름으로 세미나를 한 번 더 했다. 그러자 그의 사역에 큰 변화가 일어났다. 그는 복음을 전하는 데 그치지 않고, 영접한 자들을 훈련시켜 교회에 정착시키며 가정교회를 세워가고 있다.

둘째로, 교회가 없으면 새신자 양육과 보호가 불가하기 때문이다. 아이가 태어나면 가정에 소속되어 양육과 보호를 받아야 정상적으로 성장할 수 있다. 마찬가지로 하나님의 자녀로 거듭나면 교회에 소속되어야 하나님의 말씀으로 양육을 받고 보호를 받을 수 있다.

바울 당시 그리스도인은 종종 유대인과 이방인의 박해를 받았다. 이런 상황에서 새신자가 양육을 받지 않으면 환난과 핍박을 견디기 어려워서 결국은 다시 돌아갈 우려가 있기에 그들을 양육하고 세워줄 공동체가 필요함을 알았다. 바울 자신도 다메섹 도상에서 부활하신 예수님을 만난 후 복음을 전하기 전에, 다메섹 교회의 제자들과 함께 지내며 양육을 받았다.

셋째로, 교회가 없으면 전도제자를 양육하고 세우는 일이 불가능하기 때문이다. 우리가 알다시피 바울은 다메섹에서 거듭난 후 유다의 집에서 거했다. 유다의 집은 가정교회였다. 바울은 그곳에서 제자들로부터 예수는 그리스도라고 가르치고 전도하도록 훈련받았다. 바울은 이를 경험했기 때문에 가정교회를 개척하여 전도제자를 만들었다. 왜냐하면 바울이 혼자서는 모든 지역에 머물며 사역할 수 없었기 때문이다. 그래서 그는 교회를 개척하고 그곳에 지도자를 세움으로써, 자신이 떠난 후에도 복음 전파와 신자 양육이 지속될 수 있는 자립적인 제자훈련 시스템을 구축하였다.

만일 그가 전도제자를 만들어내지 않았다면 어떻게 되었을까? 짧은 기간에 그토록 많은 곳에 복음을 전파할 수는 없었을 것이다. 바울은 이방인과 임금들과 이스라엘 자손에게 복음을 전해야 할 사명을 받았기에 제자를 삼지 않고는 결코 이들에게 복음을 전할 수 없음을 깨닫고, 전도제자를 세우는 일에 목숨을 걸었다.

넷째로, 교회는 하나님의 통치가 이 땅에서 현재적으로 임하고 있음을 보여주는 증거이기 때문이다. 교회가 중요한 가치로 여기는 사랑, 평화, 의로움은 이 세상에서 하나님의 나라를 보여주는 강력한 메시지다. 바울은 하나님의 나라가 이미 이 세상에 왔지만, 장차 완성될 것으로 이해했다. 그리고 교회를 하나님의 통치를 경험하고 증거하는 살아있는 공동체로 이해했기 때문에 교회를 개척하지 않고는 결코 이 땅에 하나님의 나라는 이루어질 수 없다고 생각했다. 따라서 바울은 복음을 전하여 교회를 개척한 것이다. 교회와 하나님 나라와의 관계는 다음 장에서 좀 더 상세히 다시 논한다.

결론적으로 바울은 단순히 개인의 구원에 그치지 않고, 구원받은 이들이 공동체로 모여 신앙을 성장시키며 복음을 지속적으로 전하고 하나님의 나라를 세우기 위해서는 교회가 반드시 필요하다고 보았다.

그가 교회를 개척하지 않았다면 그의 선교 사역은 단기적인 효과에 그쳤을 것이며, 복음의 확산과 보존은 불가능했을 것이다. 오늘날 전 세계 기독교 인구가 약 30억 명에 이르는 것은, 바울이 단지 복음을 전하는 데 그치지 않고 가정교회를 세웠기 때문이다.

가정교회는 복음을 자유롭게 전할 수 없는 지역에서만 필요한 것이 아니다. 어느 곳에서든지 필요하다. 예수께서 "가서 제자를 삼으라"고 명령하셨기에, 우리는 일상 속에서도 복음을 전하고 가정교회를 세워야 한다.

02_바울은 교회를 하나님 나라 건설의 도구로 이해했다

앞서 바울이 왜 복음을 전하여 교회를 세웠는지를 살펴보았다. 그 마지막 이유를 기억하는가? "교회가 없이는 이 땅에서 하나님의 통치가 현재적으로 임하고 있음을 보여줄 수 없기 때문이다." 그렇다. 교회는 이 땅에 하나님의 나라를 보여주는 표지이다. 따라서 하나님의 나라를 제대로 이해하지 못하면, 교회가 무엇을 해야 하는지를 제대로 알 수 없다.

우선 바울이 하나님의 나라를 어떻게 이해했는지 살펴보자. 바울 서신에 '하나님의 나라'라는 표현은 총 9회 등장한다. 주격 2회(롬 14:17; 고전 4:20), 속격 1회(살후 1:5), 여격 1회(엡 5:5), 목적격으로 5회(고전 6:9, 10; 15:50; 갈 5:21; 골 4:11)인데, 여격과 목적격에서는 대부분 '유업으로 받다'라는 표현과 함께 나타난다.

바울은 예수님과 마찬가지로 하나님의 나라를 현재적이면서도 미래적인 실재로 이해했다. 예수께서 선포하신 하나님의 나라는 이미 임했지만(마 11:12-13; 눅 11:20; 17:21), 동시에 장차 도래할 미래의 현실이기도 하다(막 8:38; 마 25:14-30; 눅 22:18 등). 바울 역시 이 두 차원을 서신서에서 진술한다.

바울이 밝힌 현재적 하나님 나라는 특별히 두 곳에서 찾아볼 수 있다. "하나님의 나라는 먹는 것과 마시는 것이 아니요 오직 성령 안에서 의와 희락과 화평이라"(롬 14:17), "하나님의 나라는 말에 있지 아니하고 오직 능력에 있음이라"(고전 4:20). 이처럼 바울은 현재적 하나님 나라를 성령 안에서 실현되는 삶의 가치들로 설명한다.

반면, 미래적 하나님의 나라에 대한 언급은 일곱 곳에서 나타난다(고전 6:9-10; 15:50; 갈 5:21; 엡 5:5; 골 4:11). 이 중 다섯 구절(고전 6:9, 10; 15:50; 갈 5:21; 엡 5:5)은 하나님의 나라가 상속의 대상이라는 점을 강조하며, 모두 하나님의 나라에 들어갈 수 없는 자들의 행위 목록(악덕 목록)과 연결되어 있다. 이는 하나님의 나라가 단지 은혜로 주어지는 것이 아니라, 윤리적 실천과도 깊은 관련이 있음을 보여준다.

결론적으로 바울은 하나님의 나라를 예수 그리스도의 십자가와 부활로 이미 시작되었고, 지금은 성령의 능력 안에서 믿는 자들에게 임하며, 장차 예수님의 재림으로 완성될 것이라고 보았다. 하나님의 나라는 죄와 사망에서의 해방이자, 의롭고 변화된 삶을 이끄는 영적인 실재이며, 종말론적 소망이기도 하다.

이제 바울은 하나님의 나라와 교회의 관계를 어떻게 이해했는지를 살펴보자.

첫째로, 교회는 하나님의 나라가 현재적으로 임재하는 장소다. 바울은 예수 그리스도의 십자가와 부활을 통해 하나님의 나라가 이 땅에 이미 시작되었으며, 교회는 그 시작된 하나님의 통치가 구체적으로 드러나는 공동체라고 보았다. 신자들은 그리스도를 믿고 성령을 받는 순간 하나님의 다스림 아래 들어가며, 그렇게 모인 이들이 곧 교회다. '의와 평강과 희락'(롬 14:17)은 교회 공동체 안에서 성령을 통해 실현되어야 할 핵심 가치들이다.

둘째로, 교회는 하나님의 나라를 증거하는 공동체다. 단순히 사람들의 모임이 아니라, 하나님의 구원과 통치를 세상에 보여주는 증인 공동체다. 사랑과 섬김, 변화된 삶은 세상에 하나님의 나라를 선포하는 강력한 메시지다. 바울이 교회를 '그리스도의 몸'이라고 한 것은, 교회가 예수님처럼 이 땅에 하나님의 나라를 구현하고 나타내야 함을 뜻한다.

셋째로, 교회는 하나님의 나라 확장을 위한 선교적 도구다. 바울이 각 지역에 교회를 세운 목적은 단지 복음을 전파하기 위해서가 아니라, 복음이 지속적으로 확장될 거점을 마련하기 위함이었다. 교회는 제자를 세우고, 선교사를 파송하며, 복음을 전 세계로 퍼뜨리는 전초 기지다. 교회가 사명을 바로 감당할 때 하나님 나라는 확장되며, 그렇지 않으면 확장되지 않는다.

넷째로, 교회는 종말론적 완성을 지향하는 공동체다. 지금 교회는 이미 임한 하나님 나라를 경험하고 있지만, 동시에 장차 완전히 이루어질 하나님의 나라를 기다리며 준비하는 공동체다. 교회는 순례자의 자세로 살아가고 완성될 하나님 나라를 소망하며 현재의 삶에서 그 가치들을 실천해야 한다.

이처럼 바울은 교회를 하나님의 나라가 이미 시작되었음을 보여주는 현실적 표현이자, 그 나라를 증거하고 확장하며 완성을 지향하는 역동적인 공동체로 이해했다. 교회는 하나님의 나라를 떠나서는 존재할 수 없으며, 하나님의 나라는 교회를 통해 이 땅에 드러난다. 따라서 교회는 하나님 나라를 건설하는 데 있어서 가장 강력하고 유일한 도구다.

하지만 현실은 다르다. 교회와 하나님 나라의 관계성을 간과한 채, 교회 자체의 성장과 부흥에만 집중하는 경우가 많다. 하나님 나라와 무관하게 운영되는 교회는 주님이 의도하신 모습이 아니다. 교회 자체가 목적이 되어서는 안 되며, 오직 하나님 나라를 위한 수단이 되어야 한다. 그리스도의 재림 때까지 교회는 이 땅에서 하나님 나라를 구현하는 사명을 다해야 한다.

왈터 라우센부쉬(Walter Rauschenbusch)의 말처럼 교회는 하나님 나라의 성취를 위해 이 땅에 세운 하나님의 전령자다. 그러므로 교회는 말로만 하나님 나라를 전파해서는 안 된다. 바울은 교회 개척을 통해 하나님의 나라를 이 땅에서 실천했듯, 우리도 단순히 개인을 구원하는 데서 멈추지 않고, 가정교회를 개척하여 이 땅에 하나님의 나라를 세워야 한다.

03_바울의 복음 전도와 교회의 방향성을 공유해야 한다

바울 이전에도 복음을 전하여 교회를 세운 사람들이 있었다. 이는 바울이 교회를 세우지 않았어도 교회가 존재했던 것을 보면 알 수 있다. 우리가 알다시피 안디옥 교회나 로마 교회는 바울이 세운 교회가 아니다. 그렇다면 바울과 다른 복음 사역자들의 차이는 무엇인가? 다른 전도자들은 주로 한 지역에 머물며 복음을 전하는 데 집중했지만, 바울은 교회를 세우기 위해 세 차례에 걸친 전도 여행과 로마와 스페인까지 나아가 복음을 전한 것이다. 한마디로 복음 전도의 방향성이 달랐다.

바울의 전도 방향은 분명했다. 그것은 교회를 세우는 것이였다. 그런데 바울이 세운 교회와 오늘날의 교회는 여러 면에서 다르다는 점을 인식해야 한다.

첫째로, 교회의 출발점이 다르다. 바울은 처음부터 가정교회로 시작했다. 반면 현대교회는 대부분 별도의 건물을 마련하여 시작한다. 가정에서 교회를 시작하면 비용 부담이 거의 없기 때문에 개척이 훨씬 수월하다. 바울이 가는 곳마다 복음을 전하고 곧바로 교회를 세울 수 있었던 것도 이 때문이다. 그러나 현대교회는 임대료, 시설 관리, 목회자 사례비 등의 이유로 개척에 쉽게 나서지 못하는 구조를 가지고 있다.

둘째로, 바울은 교회를 전도제자를 양성하는 훈련의 장으로 보았다. 그는 교회를 세운 뒤 제자들을 훈련시키고, 그들에게 교회를 맡긴 채 다른 지역으로 떠났다. 특히 가정교회는 소규모이기 때문에 전도제자 훈련에 적합한 환경을 제공한다. 반면 오늘날 교회는 교회를 예배 중심의 공간으로 이해하는 경향이 크다. 물론 예배는 필수적인 요소지만, 교회의 본질적 사명은 전도와 제자 양성에 있음을 알아야 한다.

셋째로, 바울은 평신도를 목회의 대상이 아니라 주체로 이해했다. 초대교회는 대부분 가정에서 모였고, 전문 목회자 없이도 사역이 이루어졌다. 스데반과 빌립 같은 평신도 사역자들이 사도들과 동등한 수준의 사역을 감당했던 것만 보아도 이를 알 수 있다. 그러나 오늘날의 교회는 예배 중심의 구조 속에서 평신도를 수동적인 존재로 만들어버렸다. 평신도도 복음을 전하고 가르치며 제자 삼는 일에 있어서, 목회자와 동등한 사역자로 인식되어야 한다.

넷째로, 바울은 가정교회를 완전한 교회로 인식했다. 그는 가정교회를 건물교회로 전환하기 위한 과도기적 형태로 보지 않았다. 반면 현대교회는 주로 가정교회를 독립된 교회로 인정하지 않고, 기존 건물교회의 부속 조직 또는 보조 수단으로 간주한다.

그렇다면 바울은 몇 명이 모이면 교회로 보았을까? 그는 인원수와 관계없이 예수 그리스도를 믿고, 그분 안에서 함께 모여 예배하고 교제하는 공동체를 교회로 이해했다. "두세 사람이 내 이름으로 모인 곳에는 나도 그들 중에 있느니라"(마 18:20)는 예수님의 말씀에 근거할 때, 최소한 거듭난 성도 두세 명이 함께 모이면 교회로 인정했을 것이다.

또한 바울은 몇 명이 모이면 다른 교회를 세우게 했을까? 유대교 회당에서 공적 예배를 위해 필요한 정족수는 성인 남성 10명이다. 이를 고려할 때, 바울도 약 10명 이상의 성도가 모이면 또 다른 가정교회를 세우게 했을 가능성이 높다.

바울이 복음을 전하고 교회를 세운 것처럼, 우리도 전도의 방향을 가정교회 개척에 두고 복음을 전해야 한다.

이제 바울이 지향했던 교회의 방향성에 대해 논하고자 한다. 앞서 살펴본 대로, 바울이 복음을 전한 목적은 단순한 전도에 그치지 않고 교회를 세우기 위함이었다. 그렇다면 그가 교회를 세운 궁극적인 이유는 무엇인가? 바로 이 땅에 하나님의 나라를 세우기 위해서였다. 바울은 특정 지역에 머무르지 않고 세 차례에 걸쳐 전도 여행을 떠났으며, 심지어 로마까지 가서 복음을 전하고 교회를 세웠다. 그는 복음을 통해 공동체가 형성되고, 그 공동체를 통해 하나님의 통치가 실현되는 것이 하나님의 나라를 세우는 핵심 방식임을 알았던 것이다.

그렇다면 교회를 개척하면 어떻게 하나님의 나라가 세워질 수 있는가? 하나님의 나라는 하나님의 통치가 실현되는 영역이다. 그런데 죄의 문제가 해결되지 않으면 하나님의 통치를 받을 수 없다. 교회는 죄 사함을 받은 자들이 함께 모여 하나님의 뜻에 순종하며 살아가는 공동체이므로, 교회가 세워질 때 하나님의 통치도 함께 확장된다. 따라서 교회가 세워지는 곳에 하나님의 나라가 세워지는 것이다.

그러나 오늘날의 교회는 어떠한가? 하나님의 나라를 지향하지 않고, 단지 예배 중심의 신앙생활에 머무르는 모습이 많다. 물론 예배는 하나님께 드리는 소중한 행위이지만, 하나님은 단지 건물 안에서 드리는 예배에만 머물기를 원하시지 않는다. 삶 속에서도 예배하길 원하신다(롬 12:1). 곧 하나님의 말씀에 순종하며 살아가는 삶, 이것이 바로 지금, 여기에서 이루어지는 하나님 나라의 삶이다.

우리는 1세기 성령 받기 전 제자들처럼 머물러 있어선 안 된다. 예수께서 부활하신 후 제자들을 찾으셨을 때, 그들은 하나님의 나라 건설에는 무관심하고, 오직 이스라엘의 정치적 회복만을 바라고 있었다. 그러나 오늘날 우리도 이들과 크게 다르지 않다. 하나님의 나라보다는 예수의 이름으로 문제를 해결하고 세상에서 성공하는 데 더 관심을 둔다. 그 결과, 세상 사람들과 별반 다를 바 없는 삶을 살며, 세상으로부터 외면과 조롱을 받는 존재가 되고 말았다.

오늘날 교회와 그리스도인들이 쇠퇴한 이유는 하나님의 통치를 구하기보다 개별 교회의 성장만을 추구했기 때문이다. 오늘날의 교회는 주님께서 의도하셨던 본래의 모습에서 너무도 멀어졌다. 만일 교회가 이 땅에 하나님의 나라를 세우는 것을 목표로 삼았다면, 하나님의 다스리심은 더욱 확장되었을 것이며, 하나님께서도 크게 영광을 받으셨을 것이다.

이제라도 복음 전도와 교회의 방향을 바르게 세워야 한다. 단순히 전도하는 데 그치지 말고, 제자를 삼아 가정교회를 세움으로써 하나님의 나라를 이루어가야 한다. 개별 교회의 부흥을 넘어, 하나님의 나라가 이 땅 가운데 세워지는 것을 교회의 본래 목적이자 방향으로 삼아야 한다.

하나님의 나라는 신구약 성경 전체를 관통하는 주제이며, 성경 66권의 중심이기도 하다. 예수께서 공생애를 시작하시며 하나님의 나라를 선포하셨고, 제자들 또한 그 복음의 핵심을 하나님의 나라에 두었다. 그러므로 우리도 바울처럼, 복음을 전하고 교회를 세워 하나님의 나라를 확장하는 일에 삶의 전부를 걸어야 한다.

지금 우리는 어디로 향하고 있는가?

에필로그
바울의 뒤를 잇는 사역자들이 일어나게 하소서

이미 프롤로그에서 밝힌 것처럼, 필자는 기존의 바울 관련 책들과 차별화된 세 가지 핵심을 강조하며, 실행을 위한 성경적 원리와 실제적이고 구체적인 방법들을 제시했다.

그런데 탈고 후 원고를 다듬는 과정에서 매우 중요한 사실을 간과하고 있음을 발견했다. 이 책에서 바울의 선교전략이 유대인을 제자 삼아 모든 민족을 구원하는 것이라고 주장하면서도, 이에 대한 성경적 근거를 구체적으로 제시하지 않았다는 사실이다. 마치 기초 없이 집을 세우는 것과 같다는 생각이 들어, 이 내용을 부록에 추가하게 되었다. 보통 부록은 가볍게 넘어가기 마련이다. 그러나 이 책의 부록은 본문 내용만큼이나 매우 중요한 정보를 담고 있다. 절대 놓치지 마시고 꼭 읽어 보시길 권한다.

우리는 무엇을 하든지 성경의 가르침에 따라야 한다. 성경이 가라 하시는 곳으로 가고, 서라 하시는 곳에서 서야 한다. 특히 예수께서 마지막으로 당부하신 지상명령에 순종하는 것도 성경의 가르침에 따라야 한다.

바울이 예수님과 사도들처럼 제자 훈련 전도법으로 복음을 전한 것은 성경의 가르침에 따른 것이다. 따라서 우리가 바울을 본받아 복음을 전하면 곧 성경의 가르침을 따르는 것이다.

특히 바울이 유대인과 이방인 모두에게 복음을 전하고 제자로 세우며 가정교회를 개척해 하나님의 나라를 이 땅에 세워갔듯, 우리도 복음 전파에 그치지 말고 제자를 세우고 가정교회를 통해 하나님의 나라를 확장해 나가야 한다.

예수께서 약속하신 대로 반드시 다시 오신다. 그러나 이 약속이 이루어지려면 복음이 땅끝까지 전파되어야 하듯(마 24:14), "온 이스라엘이 구원을 받으리라"(롬 11:26) 하신 주님의 약속도 누군가 유대인에게 복음을 전할 때 성취될 수 있다.

독자들이 여기까지 왔다면 이전보다 바울의 전도에 대한 이해가 한층 더 깊어지고 넓어졌을 것이라고 확신한다. 이제 독자의 마음에도 바울처럼 복음을 전하는 전도자가 되겠다는 열정이 뜨겁게 일어나길 간절히 소망한다.

《바울, 전도를 말하다》의 추천사를 기꺼이 써주신 박양우 목사님(전 문화체육관광부 장관), 원고를 꼼꼼히 읽고 조언과 격려를 아끼지 않으신 송원섭 목사님(늘사랑침례교회 담임)과 이영철 선교사님(D3 튀르키예 디렉터), 출판을 위한 조언을 아끼지 않으신 정혜지 집사님(생각의 힘), 뒤에서 기도로 후원해 주신 이카림 원장님(D3 평신도 훈련원), 표지 작업을 해 준 딸 안예진, 내지 작업과 출간을 애써 주신 C&P 안미애 실장, 그리고 더처치 교우들, 하나님의 나라를 세우기 위해 지구촌 곳곳에서 목숨 걸고 복음의 증인으로 살아가는 D3 가족들에게 깊은 감사를 드린다. 특별히 표지 그림으로 섬겨 주신 화가 김정애 선교사님과 본서의 제작비 전액을 지원해 주신 'Sung Ok Lawes'님께 깊은 감사의 마음을 전한다.

부록

01 유대인 제자화를 통한 세계 복음화를 주장하는 성경적 근거는 무엇인가?

성경에는 이방인이 이스라엘의 회복과 구원 사역에 동참하며, 영적이든 물질적이든 다양한 형태로 유대인을 돕는 역할에 대한 예언의 말씀들이 있다.

첫째, 이사야 49장 22절이다. "주 여호와가 이같이 이르노라 내가 뭇 나라를 향하여 나의 손을 들고 민족들을 향하여 나의 기치를 세울 것이라 그들이 네 아들들을 품에 안고 네 딸들을 어깨에 메고 올 것이며."

이는 하나님께서 이방 민족을 통해 이스라엘을 포로 상태에서 구원하시고, 전 세계에 흩어졌던 그들의 자녀들을 다시 본토로 돌아오게 하시며, 이 모든 과정에서 하나님의 위대한 능력이 드러날 것임을 약속하신 것이다. 즉, 이방인이 이스라엘의 구원과 회복에 적극적으로 참여하게 될 것이라는 예언이다.

둘째, 이사야 60장 9-10절이다. "곧 섬들이 나를 앙망하고 다시스의 배들이 먼저 이르되 먼 곳에서 네 자손과 그들의 은금을 아울러 싣고 와서 네 하나님 여호와의 이름에 드리려 하며 이스라엘의 거룩한 이에게 드리려 하는 자들이라 이는 내가 너를 영화롭게 하였음이라 내가 노하여 너를 쳤으나 이제는 나의 은혜로 너를 불쌍히 여겼은즉 이방인들이 네 성벽을 쌓을 것이요 그들의 왕들이 너를 섬길 것이며."

이는 하나님께서 징계하신 이스라엘을 다시 은혜로 회복시키시며, 이방인들 또한 그 회복에 동참하게 하시겠다는 약속이다.

셋째, 이사야 66장 19-20절이다. "내가 그들 가운데에서 징조를 세워서 그들 가운데에서 도피한 자를 여러 나라 곧 다시스와 뿔과 활을 당기는 룻과 및 두발과 야완과 또 나의 명성을 듣지도 못하고 나의 영광을 보지도 못한 먼 섬들로 보내리니 그들이 나의 영광을 뭇 나라에 전파하리라 나 여호와가 말하노라 이스라엘 자손이 예물을 깨끗한 그릇에 담아 여호와의 집에 드림 같이 그들이 너희 모든 형제를 뭇 나라에서 나의 성산 예루살렘으로 말과 수레와 교자와 노새와 낙타에 태워다가 여호와께 예물로 드릴 것이요."

이는 이방인들이 하나님의 영광을 다른 민족들에게 전할 뿐 아니라, 흩어진 유대인 형제들의 예루살렘 귀환에도 적극적으로 참여하게 될 것이라는 말씀이다. 즉 이방인이 이스라엘의 회복에 동참하는 역할을 한다는 것이다.

넷째, 이사야 14장 1-2절이다. "여호와께서 야곱을 긍휼히 여기시며 이스라엘을 다시 택하여 그들의 땅에 두시리니 나그네 된 자가 야곱 족속과 연합하여 그들에게 예속될 것이며 민족들이 그들을 데리고 그들의 본토에 돌아오리니 이스라엘 족속이 여호와의 땅에서 그들을 얻어 노비로 삼겠고 전에 자기를 사로잡던 자들을 사로잡고 자기를 압제하던 자들을 주관하리라."

이는 여호와께서 이스라엘을 긍휼히 여기셔서 다시 택하시고, 그들을 본토로 돌아오게 하시며 과거의 억압자들 위에 서게 하실 것이라는 예언이다. 그리고 이 과정에서 이방 민족들이 이스라엘을 본토로 데려오는 역할을 할 것이라는 말씀이다. '노비로 삼으리라'는 표현이 좀 불편할 수 있지만, 이는 고대 근동의 맥락에서 회복된 이스라엘이 주변 민족들 위에 서게 됨을 상징하며, 이방인들이 이스라엘 회복을 실질적으로 돕게 될 것임을 암시한다(사 61:5-6 참조).

여기서 더 나아가 이방인이 유대인과 함께 사역할 것을 암시하는 말씀도 있다. 예레미야 16장 19-21절이다. "여호와 나의 힘, 나의 요새, 환난날의 피난처시여 민족들이 땅 끝에서 주께 이르러 말하기를 우리 조상들의 계승한 바는 허망하고 거짓되고 무익한 것뿐이라 사람이 어찌 신 아닌 것을 자기의 신으로 삼겠나이까 하리이다 여호와께서 이르시되 보라 이번에 그들에게 내 손과 내 능력을 알려서 그들로 내 이름이 여호와인 줄 알게 하리라."

이 구절은 이방인들이 스스로 우상 숭배의 헛됨을 깨닫고 하나님께로 돌아와 유대인처럼 하나님의 이름을 알고 그 능력을 선포하게 될 것을 예언한다. 결과적으로 이방인들이 유대인과 함께 하나님을 예배하고 선포하게 될 것이므로, 이는 이방인들이 유대인과 함께 사역하게 될 것을 시사한다.

이렇게 구약 성경에서는 이방인이 유대인의 귀환을 돕고, 그들과 함께 하나님을 예배하고 그 이름을 선포하지만, 유대인을 가르치며 그들의 구원 사역을 주도한다는 내용을 암시하는 구절은 찾기 어렵다. 이는 이사야 49장 6절에서 더 분명하게 드러난다. "그가 이르시되 네가 나의 종이 되어 야곱의 지파들을 일으키며 이스라엘 중에 보전된 자를 돌아오게 할 것은 매우 쉬운 일이라 내가 또 너를 이방의 빛으로 삼아 나의 구원을 베풀어서 땅 끝까지 이르게 하리라."

이 말씀은 하나님의 종(메시아)의 사명을 언급한 것으로 메시아는 단순히 이스라엘을 회복시키는 것을 넘어 이방 민족들에게 구원의 빛을 비추어 땅 끝까지 하나님의 구원을 전파한다는 뜻이다(사 60:1-3 참조). 즉, 하나님의 구원을 땅 끝까지 전파하는 구원 사역의 주체는 이방인이 아니라 유대인이다.

그러나 신약 시대에 이르러 이스라엘의 불순종과 이방인의 구원이 맞물리면서, 이 관계가 역동적으로 변한다.

첫째, 로마서 11장 11-15절이다. "그러므로 내가 말하노니 그들이 넘어지기까지 실족하였느냐 그럴 수 없느니라 그들이 넘어짐으로 구원이 이방인에게 이르러 이스라엘로 시기나게 함이니라 그들의 넘어짐이 세상의 풍성함이 되며 그들의 실패가 이방인의 풍성함이 되거든 하물며 그들의 충만함이리요 내가 이방인인 너희에게 말하노라 내가 이방인의 사도인 만큼 내 직분을 영광스럽게 여기노니 이는 혹 내 골육을 아무쪼록 시기하게 하여 그들 중에서 얼마를 구원하려 함이라 그들을 버리는 것이 세상의 화목이 되거든 그 받아들이는 것이 죽은 자 가운데서 살아나는 것이 아니면 무엇이리요."

바울은 이방인의 구원이 유대인들로 하여금 '시기'를 불러일으켜 궁극적으로 그들 또한 구원을 받게 하는 것이 하나님의 전략임을 밝힌다. 로마서 11장 11절에서 '시기나게 한다'에 해당하는 헬라어는 'παραζηλόω'(파라젤로오)로, 'παρά'('~옆에', '~을 통해서', '~으로 인해')와 'ζηλόω'('질투하다', '열망하다', '열심을 내다')의 합성어이다. 따라서 시기하게 한다는 것은 단순히 '질투하게 만들다'는 뜻보다는 '곁에서 어떤 것을 보고 자극을 받아 열심을 내도록 자극하다'는 뜻으로 이해해야 한다.

이처럼 유대인이 이방인을 시기하여 하나님의 구원을 받도록 하려면 어떻게 해야 하는가? 먼저 유대인이 복음을 듣고 믿어야 한다. 그러나 유대인은 복음을 모르기 때문에 이방인이 그들에게 복음을 전해야 한다. 그래서 유대인이 주님께 돌아오는 과정에서 이방인의 역할은 절대적이다. 그리고 더 많은 유대인을 구원하려면, 먼저 구원받은 유대인들을 복음으로 훈련하여 그들이 다른 유대인들에게 복음을 전하도록 해야 한다. 필자가 이스라엘과 디아스포라 메시아닉 유대인들에게 찾아가서 제자훈련 전도법을 보급하는 것은 바로 이 때문이다.

둘째, 사도행전 15장 13-18절이다. "말을 마치매 야고보가 대답하여 이르되 형제들아 내 말을 들으라 시므온이 하나님이 처음으로 이방인 중에서 자기 이름을 위할 백성을 택하시려고 그들을 권고하신 것을 말하였으니 선지자들의 말씀이 이와 일치하도다 기록된 바 그 후에 내가 돌아와서 다윗의 무너진 장막을 다시 지으며 또 그 허물어진 것을 다시 지어 일으키리니 이는 그 남은 사람들과 내 이름으로 일컬음을 받는 모든 이방인들로 주를 찾게 하려 함이라 하셨으니 예로부터 이것을 알게 하시는 주의 말씀이라 함과 같으니라."

야고보는 구약의 예언(암 9:11-12)을 인용하여 예루살렘 공회에서 하나님께서 이방인 중에서 자기 이름을 위할 백성을 택하시려고 그들을 권고하셨고, 그 이후에 다윗의 무너진 장막을 다시 세울 것이라고 말한다.

이는 이방인 구원 자체가 하나님의 오랜 계획이며, 다윗의 무너진 장막을 다시 일으키는 것(이스라엘의 회복)과 연결되어 있음을 보여준다. 이방인들이 먼저 하나님을 알고 그 이름을 부르게 됨으로써, 유대인들도 궁극적으로 그리스도를 통해 하나님께 나아오게 된다는 것이다. 유대인들이 하나님께 돌아오게 하려면 이방인이 그들에게 복음을 전해 구원을 얻게 하고, 구원받은 유대인들을 훈련시켜 그들이 복음을 전하고 가르치도록 하여, 그들과 함께 복음을 전하는 것은 지극히 당연하다.

그렇다면 이방인의 복음화는 어떻게 온 이스라엘의 구원과 연결되는가? 혹자는 마지막 구원이 하나님의 언약 성취로 이루어지기 때문에 우리가 복음을 전하지 않아도 된다고 말한다. 정말 그럴까? 설령 하나님께서 주권적으로 이스라엘의 회심을 이루신다 해도, 그들이 복음을 믿어야만 구원받을 수 있다(행 4:12; 롬 10:9-10).

요즈음 이스라엘뿐 아니라 무슬림 지역에서도 하나님께서 환상 가운데 나타나셔서 말씀하시므로 개종하는 일들이 종종 일어나고 있다. 그러나 환상을 보고 음성을 들었다고 해서 자동적으로 구원받는 것은 아니다. 심지어 교회 공동체에 나온다고 구원받는 것도 아니다. 개인적으로 예수께서 자신의 죄를 대신하여 십자가에 못 박혀 죽으시고 부활하신 사실, 즉 복음을 믿지 않으면 구원받을 수 없다. 따라서 유대인을 주님께 돌아오게 하려면 먼저 그들에게 복음을 전해야 한다. 그리고 먼저 믿은 유대인을 제자 삼아 그들과 함께 복음을 전해야 더 많은 유대인을 주님께로 인도할 수 있다.

02 'D3전도중심제자훈련'이 유대인 제자훈련에 사활을 건 이유가 있다!

2018년 3월 초, 'D3전도중심제자훈련'(모든 그리스도인을 지상명령에 순종하도록 훈련하는 제자훈련 시스템) 세미나를 인도하기 위해 이스라엘 벤구리온 국제공항(텔아비브)에 도착하여 출입국 관리소를 향해 걸어가고 있었다. 나는 앞서 걷고 있었고, 이카림 원장(D3평신도훈련원)과 서지태 선교사(러시아 D3디렉터)는 다소 거리를 두고 따라오고 있었다.

갑자기 뒤에서 "어! 어!"하는 소리가 나서 뒤를 돌아보니 이 원장님이 주저앉아있었다. 급히 달려가서 어찌 된 일이냐고 묻자, 그는 눈물을 쏟으며 이렇게 말했다.

"목사님, 무서워요. 어떻게 해야 할지 모르겠어요. 주님께서 '이들이 나를 거짓 메시아로 알고 있으니 너희는 내가 진짜 메시아라는 것을 전하라'고 하셨어요."

이를 듣고서 처음에는 '정말 주님께서 그렇게 말씀하셨을까?'하는 의문이 들었다. 두 가지 이유 때문이었다. 하나는, 평소 예수 그리스도의 재림과 이스라엘의 회복이 불가분의 관계에 있다는 것은 알고 있었지만, 유대인에게 복음을 전할 생각은 꿈에서조차 하지 않았기 때문이다. 또 하나는, 이스라엘 복음화에 헌신하는 수많은 교회와 선교단체가 있음에도 불구하고, 상대적으로 미약한 D3에 이렇게 막중한 사명을 맡기셨다는 것이 믿기지 않았기 때문이다.

이스라엘과 요르단에서 D3사역을 마치고 귀국한 지 두 주가

지나서였다. 모스크바로 돌아간 서지태 선교사로부터 흥분된 목소리의 전화가 걸려왔다.

"목사님! 제가 유대인 목회자들의 모임에서 'D3전도중심제자훈련'을 소개했더니 반응이 아주 좋습니다. 많은 분들이 제자훈련을 받고 싶어 하는데 어떻게 하면 좋을까요?"

그의 말을 듣는 순간 가슴이 벅차올랐다. 통화 후 곧바로 제자훈련 일정을 잡고, 두 주 만에 모스크바로 날아가 유대인 목회자들을 훈련했다. 그 이후로도 이 훈련은 꾸준히 이어지고 있다.

'D3전도중심제자훈련'이 유대인 사역에 사활을 건 것은, 이처럼 하나님께서 우리에게 독특한 방식으로 유대인 복음 전파의 사명을 맡기셨기 때문이다. 바울이 생명조차 귀하게 여기지 않고 복음 전파의 사명을 완수했듯, 'D3전도중심제자훈련' 역시 주께 받은 사명을 위해 모든 것을 쏟아붓고 있다.

주님께서 바울에게 세계 복음화 사명을 주시고 이를 감당할 수 있도록 동역자와 물질을 공급해 주셨듯이, 우리에게도 동일한 은혜를 부어 주시리라 믿고 간절히 기도드린다.

바울의 선교전략은 유대인을 제자 삼아
모든 민족을 구원하는 것이다
바울, 전도를 말하다

도서출판 우리하나 2025
초판 1쇄 발행 2025년 8월 22일

지 은 이 · 안창천
펴 낸 이 · D3전도중심제자훈련
펴 낸 곳 · 도서출판 우리하나
디 자 인 · 안미애, 안예진
책임교정 · 박양우, 송원섭, 이카림
인   쇄 · 신도인쇄(주)
등 록 일 · 2007.4.16
등록번호 · 제313-2007-96호
주   소 · 서울시 마포구 독막로 18길 31번지 3층(상수동)
주문전화 · 02-333-0091
전자메일 · pacc9191@daum.net
웹사이트 · www.d3.or.kr

ⓒ 저자와의 협약아래 인지는 생략되어 있습니다.
   이 출판물은 저작권법에 따라 무단 복제할 수 없습니다.

값 18,000
ISBN 978-89-93476-55-2(03230)

도서출판 우리하나는
'D3전도중심제자훈련'을 적극 지원합니다.